片づけたら 1年で 100万円貯まった!

監修 整理収納アドバイザー
小川奈々
イラスト えのきのこ

ピロロロロロ〜♪
義母さん
ブブブ
2時間後
えっ
ええ はい 大丈夫です…
義母が我が家にやってきます
どうしよ〜っ
ヒーッ
ぐちゃ
ぐちゃ
ふーん おふくろ来るんだ
ブー
ブー
片づけなきゃ!!

とりあえず
散らかってるものは
物置き部屋
（ホントは子ども部屋）
に……
ささっ
急いで
運ばないと！
ドタドタ
ささっ
オレも手伝うよ
よっこいしょ
ドタ
おやつまだ
とりあえず
押し込んで…
ポイ
ポイ
えっほ
えっほ
お茶菓子も
買わなきゃ
ハッ
ない!!
ピンポーン
まさか!?
早くない？
よかったら
これ おすそわけ
へッ!?
高級
菓子の
いただきもの…
美香さん
って
神いい
ついでに
片づけも
手伝って〜

そしてー
ピンポーン
麻衣子さん久しぶりね
おばあちゃーん
いらっしゃい
ピンポーン
ガチャ
あらーキレイにしてるのね
お菓子まで…
いえいえ
あせりましたよ
昨日は本当にありがとう!!
コレお礼よ
義母からもらったの
よかったら中に入って
おじゃましまーす
ハッ

いらっしゃい!!
スッキリ
まっ、まぶしい〜
ショールームかよ!
それに比べて私は…
部屋も汚いしいつも金欠だし
ザ、ダメ主婦
片づけは誰にでもできるし片づけでお金も貯まるのよ
片づけでお金!?

もくじ

第1章

片づけの基本

第2章 片づけの実践

クロ－ゼット

押し入れ

キッチン

キッチン

洗面所

登場人物紹介

麻衣子（33）

ゴロ寝大好きなものぐさ主婦。片づけが苦手で、ものがいっぱいの汚部屋をなんとかしたいと思っている。

美香（35）

おしゃれが大好きな麻衣子のママ友。スッキリ片づいた家に住んでいるが、かつては片づけられないダメ主婦だった。

太一（10）

麻衣子の息子で小学４年生。食べることとサッカーが大好き。ママ同様に片づけが苦手。

奈々先生（ヒミツ）

キュートな整理収納アドバイザーで、美香の片づけの先生。片づけレッスンだけでなく、家計簿の講師もしている。

健一（36）

麻衣子の夫。サラリーマン。おっとりしていて、汚部屋も気にならない。マンガ好きで、コミックを大量に持っている。

晴美（60）

健一の母。しっかり者で、キレイ好き。突然家にやってくるので、麻衣子には怖がられている。

第１章

片づけの基本

仕分け→収納の順で
ものをどんどん
片づけよう！

ピンポーン
紹介するわ
奈々先生は
私の片づけの先生なの
はじめまして
キレイな人〜
……って
片づけに先生？
そんなキレイ好きだった？
今にその理由が
わかるわよ
美香さんも
かつては
ひどい汚部屋に
住んでたんですよ
どよ〜ん
うっそ
わーひどいっ
でもそれが今じゃ
こんなにキレイに！
しかも先生のおかげで
お金まで貯まる
ようになったの

キレイに
なるのは
わかるけど
なんでお金
まで貯まるの？
Why ?
じゃあ
麻衣子さん
思い出して
みて
今あなたの
クローゼットに
スカートが
何着
ありますか？
えっ？
えっと…
クローゼットに服は
いっぱいあるのに
みっちり
セールだからって
衝動買いして
SALE☆
カードで!!
ものがあふれて
お金が
なくなった
ことはない？
あ、
あるかも…
そのクセ
口グセは
「着る服がない…」
ズバッ!!
汚い家に
お金は貯まりません!!
うっ
グサッ

ガーン…
うちはお金が貯まらない家
片づけてお金の貯まる家にしましょ！
そうだよ
ハッ
片づけるとお金が貯まる理由はね……
片づくとものの量が把握できるから
特売！
ティッシュ 250円
あっ安い!!
でも5箱あったなー
無駄買いしない

片づくと
余分なものを
増やしたくないから
わぁ
ステキ！
でも
部屋に合う
かな…？
置き場所は？
今はやめとこ
買う時の
「基準」ができて
お金を有効に使える
片づくと
お掃除もラク♪
スイ
スイ
家事の時間が
減るから
仕事ができる
パートで
働こう
かな？
求人
収入UP!!
でも私
片づけに成功したことないんです
根気がなくて
続かないし
捨てないの？
うわー
懐かし〜
古い
雑誌
ものが
捨てられない
んです
思い出
あるし
いつかは使える
？

私には片づけの才能がないんです
ララ〜
大丈夫
誰にでもできるわよ
歌上手ね
片づけにはコツがあるの
❶ 全部出す
❷ いらないものを捨てる
❸ 使いやすく収納する
フムフム
なるほどね
まずは麻衣子さんのお財布を片づけてみましょう！
これを応用するとお部屋を片づけられるわ
❶ 全部出す
どんだけ出てくるの!!
ドサ

❷いらないものを捨てる
Point
クーポン
コスメ
試供品
レシートの山
photo
何入れてるのよ
期限切れのものや財布に入れるべきでないものは財布に入れない！
こんなにたくさん!!
いらないもの
いるもの
❸使いやすく収納する
カード類はジャンル別に収納するの
例えば…
キャッシュカード
クレジットカード
ICカードなど
診察券
会員証など
免許証
保険証など
使いやすそー
私もやってるよ
使ったら元に戻すのよ
これはココに
こっちは…
片づいた！
その後
ポイントカードはお持ちですか？
あります
サッ
Point
おっやるね!!
500円分ポイント貯まりましたよ
祝
人生初、ポイントが金券に！
片づけってイイネ!!
やったー!!!

片づけが
もたらす効果

部屋がキレイになるだけじゃない！
片づけるとご褒美がいっぱい返ってくる

片づけは面倒くさくてやる気が出ない。また、せっかく片づけてもすぐに散らかってしまう……と悩む人も多いでしょう。しかし、片づけは部屋をキレイにするだけではなく、次の３つのような効果もあるのです。

①お金が貯まる

②時間ができる

③ストレスが解消される

こんなに多くのメリットが得られるのが、片づけの魅力。「部屋が散らかっているから、仕方なく片づける」という後始末としてのマイナスな動機ではなく、「片づけるといいことがたくさんある」というプラスのイメージで片づけをとらえ直しましょう。

片づけないとこんなことが！

片づけないと、部屋が散らかるだけでなく、お金や時間、心にも様々なマイナスをもたらします。

片づけられないと……

- ものがどんどん増える
- 何をどれだけ持っているかがわからず、余計なものを買ってしまう
- 探し物に時間がかかる
- ものが見つからない、なくすなどのトラブルが増える
- 散らかった部屋に不快を感じイライラする
- ものが散らかっているので、家事に時間がかかる

その結果…
もうこんな時間!?
ヤバ!
時間がなくなる
あ〜っ
もう〜、
あれもしなきゃ
これも…!!
イライラ
同じようなオモチャ買っちゃった

ストレスがたまる　　お金が貯まらない

片づかない理由

うまく片づけられないのには、理由があります。自分に思い当たることはありませんか？　原因を解決し、片づけられる人になりましょう。

ものが多すぎる

他の人が持っているものや流行もの、セール品などをつい買ってしまうと、ものがあふれてしまいます。

上手に収納できていない

ものの置き場所を決めていないと、散らかりがち。また、収納スペースに無駄があり、うまく使い切れずにものがあふれることも。

ものが捨てられない

使ってなくても「壊れていない」「高かった」などの理由で捨てないと、ものはたまる一方。「いつか使うかも」という考えも片づけの妨げに。

心情的に捨てにくい人形やぬいぐるみ、人からのいただきものなどもたまりやすい傾向にあります。

リバウンドするとあきらめている

「片づけてもすぐ散らかってしまった」という経験があると、「どうせ、すぐに散らかる」と思うようになり、やる気が出なくなります。

完璧にやろうとして挫折してしまう

「一気に片づけよう」という目標を立てると挫折しがち。「完璧に片づけるには道具や時間がない」と準備の段階でくじけてしまうことも。

片づけると
お金が貯まる理由

片づけると、無駄買いがなくなる
お金も時間も節約できて、貯金アップ！

片づけを始めると、自分がいかに多くのものを持っていたかに気づきます。必要なものだけを残していく中で「今の生活には何がどれだけ必要か」がわかったら、それをもとに買い物のルールをつくりましょう。「洗剤のストックは1つまで」「新しい服を買うなら、古いものは捨てる」などのルールを決めれば、無駄買いが減ってものもあふれません。また、インテリア雑貨などを買う時も「置く場所はあるか」「その場所に似合うか」などを吟味してから買うようにすれば、本当に必要なものだけを選べるようになります。じっくり考えて購入したものには愛着がわき、長く使い続けるので節約にもなるでしょう。また、部屋が片づいていると家事も手早くでき、空いた時間で仕事をして収入アップも可能！　片づけは貯金にも役立つのです。

片づけ上手はやりくり上手

買い物の基準があると、無駄買いが防げます。自分なりの買い物ルールを決め、実践しましょう。

在庫がわかるからダブり買いしない

部屋が片づいていると、何がいくつあるかがすぐにわかります。同じものを買ってしまう失敗を防ぎ、お金や場所を無駄にしません。

買う基準ができるからお金を有効に使える

買い物ルールを決めると、セールの文字や気分にまかせた衝動買いを防げます。「気がつけばお金がない」を減らします。

やりくりやプチ稼ぎの時間ができる

ものが片づいていると、掃除や料理などの時間が減ります。その分を家計簿を見直す、パートに出るなど、やりくりに使えます。

片づけは
誰にでもできる

片づけの基本は3ステップ
小さな場所から始めよう!

片づけるといいことがあるとわかっても、自分にできるか不安な人も多いでしょう。しかし、片づけがうまくできないのは「片づけ方が間違っている」ケースがほとんどなのです。裏を返せば、正しい片づけ方を実践すれば、誰でもうまくいくということ。片づけへの苦手意識を捨て、トライしてみましょう。

どんな場所にも共通する片づけの基本は、片づけたい場所のものを全部出す→いらないものを捨てる→残ったものを使いやすく収納する、の3つ。これを守ればスムーズに片づけられます。片づけが苦手な人は財布やバッグ、引き出しなど、小さいところからチャレンジしてみましょう。「うまく片づけられた!」という達成感が得られやすく、部屋の片づけも自信を持って取り組めるようになります。

片づけの基本の3ステップ

この手順で片づけていけば、誰でも片づけ上手になれます。

1. ものを出す

片づける場所に入っているものを全て出します。片づけ始める前に、ものを広げる場所を確保することも忘れずに。

2. 不用なものを捨てる

壊れているものや使っていないものを捨てます。まだ使えたとしても、収納スペースに入らなければ、捨てることを検討しましょう。

3. 使いやすく収納する

使用頻度の高いものを手前に置くなど、使いやすさを考えて収納します。中身がわかるよう、ラベルを貼るのもおすすめ。

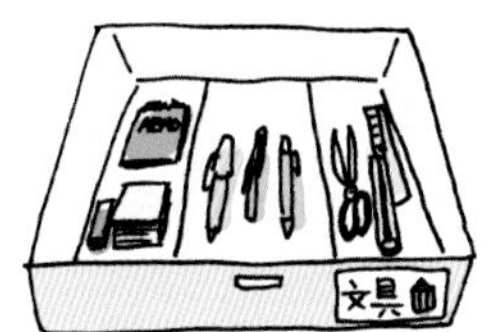

ファミリーレストランにて
ねえ聞いて
どうしたの？
パク
パク
パク
この間1日かけてリビングを片づけたの
脱いだものは洗たく機に
ドサッ
積んだだけ〜
本をキレイに!!
ぽい
ぽい
おもちゃを片づけて…
でもねあっという間に
せっかく片づけたのに〜っ
ぐちゃ
ぽいっ
ぽいっ
ぐちゃ
アハハハ…
マンガ
ガオー
ぐちゃ
元の汚部屋に……

あの2人がいる限り片づかないわ
白ハタ
負けた…
あきらめたらそこで
試合終了よっ
えっ!?
奈々先生に教えてもらったんだけど
部屋の片づけは自分だけのスペースから始めるといいの
どうして?
家族に確認しなくていいし
これ捨てていい?
えっ!?
家族のものは勝手に片づけられないからね〜
片づけた後も…
スカートはココに戻す!!
自分で管理できるでしょ

それじゃあ今からクローゼットを!!
ちょっとまった!
片づけは段取りが大切よっ
段どり?
はあはあ
部屋を片づける前にね
片づけ前にこれを確保!
●片づける場所の「広さ」と「ものの量」に合わせた作業時間
●片づける「もの」を広げる場所
●「ゴミ」を捨てるための情報
これをしないと……
時間が足りなくて
片づかない!!
もうこんな時間!?
ママーおなかすいた
せっせ
せっせ

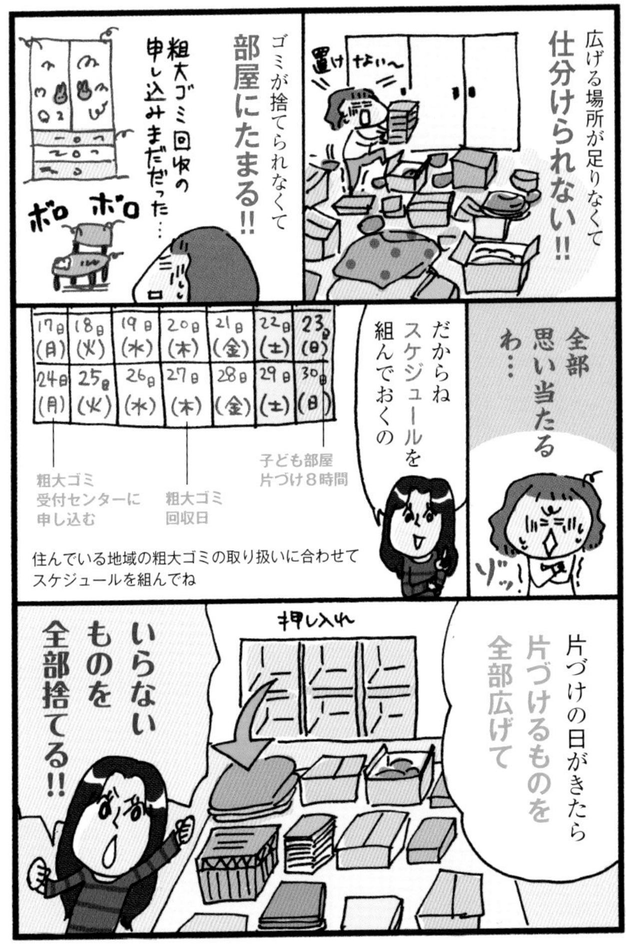
広げる場所が足りなくて
仕分けられない!!
置けないへ
ゴミが捨てられなくて
部屋にたまる!!
粗大ゴミ回収の申し込みまだだった…
ボロ ボロ
全部思い当たるわ…
ゾッ!
だからねスケジュールを組んでおくの
17日(月) 18日(火) 19日(水) 20日(木) 21日(金) 22日(土) 23日(日)
24日(月) 25日(火) 26日(水) 27日(木) 28日(金) 29日(土) 30日(日)
粗大ゴミ受付センターに申し込む
粗大ゴミ回収日
子ども部屋片づけ8時間
住んでいる地域の粗大ゴミの取り扱いに合わせて
スケジュールを組んでね
片づけの日がきたら
片づけるものを全部広げて
押し入れ
いらないものを全部捨てる!!

捨てるのって難しくない？
いつもね
うーんこれは…
迷ったらコッチ!!
なかなか捨てられなくて…
モリ
モリ
ちんまり
残すもの
捨てるもの
ものを仕分ける基本はね……
仕分けの基本
❶ よく使うもの
❷ 時々使うもの
❸ ストック
❹ ゴミ
①〜③の数を収納スペースに合わせて決めるの
(例)
6つのスペースがあれば
①…3コ ②…2コ ③…1コ
どうしても捨てる決心がつかないものは仮置きボックスへ
フタ付き
おもちゃ
20XX年9月末まで
自分で決めた期限までに
使わなければ捨てる

片づける時は
これらの道具を
用意して
マスク
ポケットつきエプロン
可燃
不燃
各種ゴミ袋
ビニールひも
ハサミ
マスキングテープ
メジャー
＋油性ペン
なんだか
片づけって
大変ね
やる気
なくしそー
そう！
片づけは
大仕事
なのよっ
ビクッ
ドーン
だから片づけの日は
他の家事を
サボればいいのよ
食事は
出前か
外食で
サボるの大好き
さらに
やり終えた時の
ご褒美を
決めておくと
頑張れるわ
ケーキ
終わったら
食べよー
とかね
ご褒美
何に
しよう
かな～
迷っちゃう～
早く
段どり
してよ～
ぼく
イチゴ
ケーキ!!

片づけの準備

片づけ前の段取りが、成功のポイント
場所・目標・時間を決め、片づけをスムーズに

思いつきで、何の準備もなく片づけると失敗しがち。段取りをきちんとしてから始めると、うまくいく確率が上がります。片づけが苦手な人は、自分が管理していて、ものが少ない場所から始めるのがおすすめ。場所が決まったら、そこの改善点を書き出しましょう。玄関なら「靴が出しっ放しにならないようにする」など、目標を決めておくと「何をどう片づければいいか」が見え、スムーズに片づけられます。

次は、片づけをする日を決めます。まず、ものの量と広さから必要な時間を予測し、自分のスケジュールと照らし合わせます。この時、粗大ゴミが出そうなら回収日を確認し、その日の近くで片づけるようにすると◎。分別用のゴミ袋やラベルの道具など、片づけの道具もそろえておきましょう。

片づけを始める前に

思いつきで片づけ始めるのは挫折のもと。しっかり準備して、片づけを成功させましょう。

クローゼットや押し入れから始めるのがおすすめ

捨てるかどうかを自分だけで判断できるクローゼットは、片づけ初心者向き。不用品が多く、ものが捨てやすい押し入れもおすすめ。

リビングなど、他の家族が使うものが混在している場所は、捨てるかどうかを持ち主に聞かないといけないので後回しにしましょう。

問題点を書き出すとやる気がわく

片づけ場所の問題点を書き出し、どう改善するかを考えます。事前に目標を立てることで、片づけの意欲もアップします。

押し入れ 1間	6時間〜12時間
クローゼット 幅70cm	6時間
キッチン	6時間 〜12時間
洗面所	洗面台下は3時間 全体だと6時間

完全に終わらせるためのスケジュールを立てる

1つのエリアにかかる時間の目安を参考に、片づけの時間を確保しましょう。時間がなければ、家族や友人に助けてもらってもOK。

仕分けの基本

片づけの最重要ポイントは仕分け
使用頻度などで4つに分類し、整理する

片づけ成功のカギは、残すものと捨てるものを決める「仕分け」にあります。感覚だけでものを仕分けると、捨てる決心がなかなかつかず、結局ほとんど残すことになりがち。そこで、何を残すかをスムーズに判断できるよう、次の手順で仕分けましょう。

まずは左ページを参考に、片づける場所のものを全て出し、グループ分けします。その後、さらに次の4つに分類します。

①よく使うもの　②時々使うもの　③ストック　④ゴミ＝使えないもの

分類したらまず④を捨て、①②③を収納スペースに合わせて絞り込みます。②③があまりに多い人は、収納を無駄にしている可能性があるので、見直しを。こうすればスムーズに仕分けることができ、必要なものだけを残せます。

スムーズな仕分けの方法

仕分けが成功すれば、片づけの８割が終わったようなもの。下のキッチンの仕分けを参考に、いろんな部屋のものを仕分けしましょう。

1. キッチンのものを用途に合わせてグループ分けする

食器　調理器具

カトラリー　キッチン雑貨

2. グループ内のものを４つに分類する

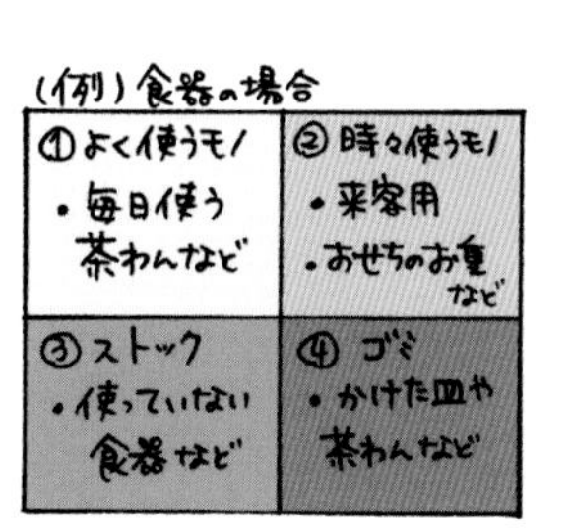
(例) 食器の場合

①よく使うモノ	②時々使うモノ
・毎日使う茶わんなど	・来客用 ・おせちのお重など
③ストック ・使っていない食器など	④ゴミ ・かけた皿や茶わんなど

3. よく使うものを中心にバランスを考えて捨てる

④はすぐ捨てます。②が多い人はリースなどを使い、ものを減らす工夫を。③が多い人は、収納に合わせてストックの上限を決めると◎。

捨て方の基本

捨てれば片づけのスピードアップ かさばるものから捨てていこう

片づけが苦手な人は、「まだ使えるのに捨てるのはもったいない」と、ものをためこみがち。しかし、それによってものが増え、収納スペースを無駄にするのはマイナスです。ものを捨てると「部屋がスッキリする」「掃除しやすい」など、多くのメリットがあります。空き箱などのかさばるもの、使用期限が切れたものなど、捨てやすいものから処分し、捨てグセをつけましょう。また、「とりあえずレジ袋は引き出しにしまう」というクセがあると、本当にいるのかを考えないままため込むことに。しまう前に、必要かを考えるようにしましょう。捨てることを意識していくと、買い物中も「捨てるのが大変だから買うのをやめよう」などと考えられるようになり、無駄遣いを減らせます。「捨てる」ことはものを減らし、お金を増やす効果があるのです。

捨てグセをつけるコツ

ものを減らせば、日々の片づけもラクになります。捨てやすいものから徐々に捨てていきましょう。

捨てやすいものから始めよう

①かさばるもの・使えないもの

空き箱、伝線したストッキング、穴の空いたセーター、賞味期限切れの食品や調味料など

②使っていないもの・持ちすぎているもの

何年も着ていない服、読まなくなった雑誌や本、大量にキープしていた紙袋や割り箸など

③大きめの不用品

2、3回使ったきりの鍋、使っていない健康器具や家電、古くなったインテリアなど

捨てにくいものは、寄付やネットオークションへ

いただきもののタオルや食器など、使わないけど捨てにくいものは、寄付やネットオークションを利用して手放すのも◎。

片づけを習慣化する

1日5分でも続ければ、片づけ体質にリバウンド防止にもおすすめ

時間をかけて部屋を整理し、キレイに片づけても、ものを使った後に元の場所に戻さなければ、あっという間に散らかってしまいます。

そんなリバウンドを防ぐため、1日のスケジュールの中に、出しっ放しになったものを片づける時間を組み入れましょう。はじめは5分だけでもOK。食事の片づけをした後に、キッチンを片づける時間を5分とるなど、家事の後に片づけを組み込むと忘れずにできます。

同じことを3週間続けると習慣化するといいます。片づけも習慣化すると、片づけをするのが当たり前になり、いつもキレイな状態をキープできます。無理のない範囲で、ぜひ続けてみましょう。

片づけを習慣化するコツ

朝、歯を磨くように、毎日続けていると片づけも習慣化します。はじめは５分からでいいので、コツコツ続けましょう。

朝と夜のプチ片づけでキレイをキープ

朝出かける前、夜寝る前の５分で、出しっ放しのものを指定席に戻しましょう。キレイな状態が保て、片づけが好きになります。

片づけの成果を確認しやる気アップ！

片づけ前と後の部屋を撮影して見比べると、どれだけキレイになったかがわかります。この状態を続けよう！ という気力がわきます。

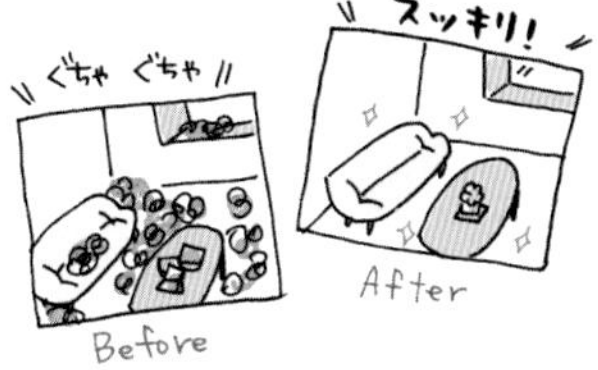

タイマーで片づけ時間を計ってみる

片づけの時間をタイマーで計ると、５分で○○できるという目安がわかり、すきま時間を片づけに使おうという意識が持てます。

奈々先生の片づけコラム

片づけたら、自分にご褒美

片づけは大変な作業だからこそ、やり遂げたらご褒美を。それが片づけ成功の秘訣です。

片づけ後のお楽しみを用意します

片づけを成功させる秘訣はいろいろあるのですが、私のおすすめは、「頑張った自分にご褒美」作戦。

片づけを始める前に「終わったらケーキを食べよう」など、ワクワクすることを決めておきます。すると、片づけ中に挫折しそうになっても、「終わったらあのケーキが食べられる」とやる気が復活するのです。セミナーでも、この作戦を紹介しているのですが、多くの人から「ケーキを予約してから片づけを始めたら、楽しく作業ができました」という声をいただき、効果を実感しています。

第2章

片づけの実践

家の場所別に
お金の貯まる
片づけ術を公開！

最近
片づけ
頑張ってるし
ご褒美に
服買っちゃお
わっ
安い!!
50%OFF
SALE
30%
OFF
なんかいいかも!
これ
ステキ!!
ふ～
満足
あっ
美香さん
買いもの?
美香さんって
いつもおしゃれね
あらそう?
奈々先生と
クローゼットの片づけをして
似合う服だけを残したの
今シーズンも
10着を着まわしてるの
美香's collection
えっ
こんだけ?

どうしたら少ない服でおしゃれになれるの？
教えて〜
OK！麻衣子のクローゼット見てあげるわ
麻衣子宅
これなんだけど……
ガチャ
でで———ん!!
服多すぎ！
しかもシワシワじゃない？
つい買っちゃって…
おしゃれクローゼットのコツ①は
服の量を決めること！
シャキーン
服を外に出したらハンガーラックの幅を測って……
60cmだね!!

ハンガー1本＝2センチ
と考えて…
かけられる服は
最大30着ね
60cm
＝
30着
夫婦で使ってるなら半分ね
そうすると
私は15着か
そして
おしゃれクローゼット
コツ②は
似合うかチェック！
姿見で確認して…
似合うかな？
似合わなければ捨てる!!
センスに
自信のない人は
正直な意見を
くれる友達に
相談するのが
いいの!!
私みたいなね！
じゃ、服着てみて！
はいっ
小さっっ
ピチT
ミニスカ
何年前の服よっ
やっと入ったっっ
ぐいっ
ぐい
サイズが合ってない!!
キャワイ〜ッッ
ブリ
ブリ
いくつだと思ってるの!!

こんなに似合わないなんて…
せっかく買ったのに…
人の目を介することでいらない服を捨てていけるのよ
2時間後
これが麻衣子のBest Collection！
クローゼットもスッキリ!!
風が通るよ〜
これからは1着買ったら1着捨てるようにね
似合わない服を買わないから無駄買いもしないわよ
お金も貯まるんだ
パパのもやろ〜っと
夜
どうだイケてるだろ
ババーン
えーっ
なんで

closet

お金が貯まる洋服の仕分け①

多すぎる服を減らせばお金の貯まるクローゼットになる

服がぎゅうぎゅう詰めで、収納しきれずあふれている。そんなクローゼットだと、自分が何をどれだけ持っているのか把握できません。そのため、無駄な服を買ってしまい、ますますものがあふれてお金も貯まらない状態に……。そんな悪循環をなくすため、いらない服を捨てましょう。

まず、手持ちの服を全て出し、穴が空いている、体型に合わなくなった、3年以上着ていないなど、「明らかに捨てるべきもの」を処分しましょう。その後、残った服をクローゼットに入れるのですが、収まらない場合は数を減らします。「何がいくつ必要かを把握する」「使用頻度の低いものから処分する」「収納スペースに収まるだけの量にする」の3つをもとに、残すものを決めましょう。

正しい服の減らし方

ものを減らす３つの方法を応用して、増えすぎた服を上手に減らしましょう。

ボーダーの
Tシャツ
5枚も持ってた!!

ジャンル別に分けて適正量を見つける

トップス、ボトムス、アウター、下着など、手持ちの服をアイテム別に分け、多すぎるものは数を減らしましょう。

子育て中、仕事をしているなど、自分の状況をふまえて、どんな服が必要かを考えるのも大切です。

着た服を右に置き左にたまった服を処分

ハンガーバーに目印をつけ、着た服は目印より右に置きます。ずっと左にある服は、着ていない服なので捨ててもOK。

収納スペースに入らない服は捨てる

引き出しの下段はデニム２本とスウェットが３枚など、収納スペースに収まる量を把握し、オーバーしたら処分するように。

closet

お金が貯まる洋服の仕分け②

センスのいい服を残してお金の貯まるおしゃれクローゼットをつくる

適正量と収納スペースを考えても、なかなか捨てられないのが、服の片づけの悩み。「おしゃれ」という視点も加えて仕分けをしましょう。女性なら、職場もプライベートもおしゃれでいたいはず。残す服は、「自分をキレイに見せてくれる服」かを基準にします。例えば、5枚のスカートを3枚に減らす場合は、「着てもイマイチ」な服から捨てます。この基準で仕分けをすると、似合うものだけが残った、理想のワードローブが完成します。まだ着られる服を捨てるのはもったいないかもしれませんが、着ないなら持っている意味がないので潔く捨てましょう。そして新しく服を購入する時は、必ず同じ数の服を捨てること。すると服の量を維持できる上、捨ててでも欲しいと思うものを買うようになります。衝動買いが減り、自然にお金が貯まります。

おしゃれクローゼットのコツ

イマイチな服を捨て、買い方にルールを設ければ、おしゃれでお金の貯まるクローゼットが手に入ります。

残すのは自分に似合う服だけ！

残すものを選ぶ時は、着た姿を鏡でチェックし、キレイに見える服を選びましょう。迷ったら、自撮りをして見比べるのもおすすめ。

「いつか着るかも」で服を残さない

「痩せたら着る」「また流行るかも」などの「たられば」はNG。今着ていないなら、思い切って捨てましょう。

新しい服を買う時は今よりいいものを選ぶ

服は買い足すのではなく、手持ちの服を「買い替える」と考えること。今と同等か、それよりよいと思える服だけを買いましょう。

closet

クローゼットの収納法

上の棚

冠婚葬祭用の靴やバッグ、アクセサリー、数珠、香典袋などをまとめて収納しておくと便利

季節外の衣類は通気がよくて軽い、紙や布製の衣装ケースに入れる

ハンガーは丈の長さ順に並べると、かけた服の下の空間が有効に使える

両サイド

両サイドにできるデッドスペースは、スーツケースやゴルフバッグなど、長いものを入れる

衣装ケースは取り出しやすく、収納しやすい浅型の引き出しがおすすめ。衣装ケースの上には、よく使うバッグを置く

織り物はかける
編み物はたたむ

たたんで収納するか、ハンガーにかけて収納するかで迷ったら、素材を見ましょう。シャツなど、綿や毛を縦横に織った織り物はシワになりやすいので、ハンガーにかけて収納します。

これはシワになるからハンガーに

セーターなどのニット類やＴシャツなどのカットソーの編み物は、伸びやすいのでたたんで収納します。

重いものは下に
軽いものは上にしまう

引き出し式の衣装ケースは、下に重いもの、上に軽いものを入れると安定します。出し入れもスムーズになって便利に。１段に１～２グループを入れると使いやすく、管理もラクになります。

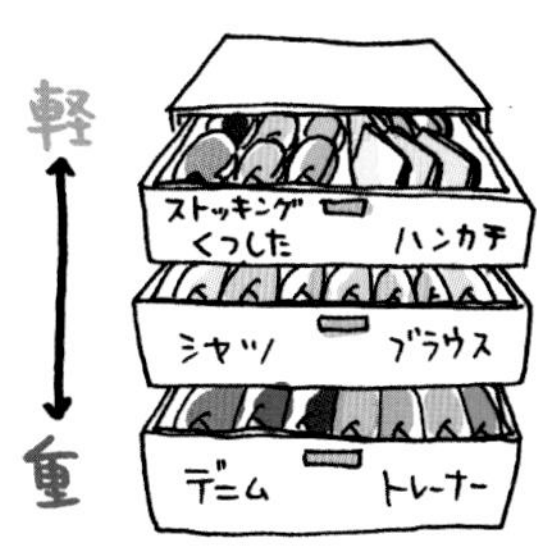

下段は重いデニムなどのボトムス、中段はシャツやブラウスなどのトップス、上段はハンカチなどの小物類を入れるのがおすすめ。

引き出しは「横2列」で使う

引き出しは、取り出しやすい手前が特等席。縦より横に並べて入れる方が、特等席が広くとれて、必要なものがすぐ取り出せます。

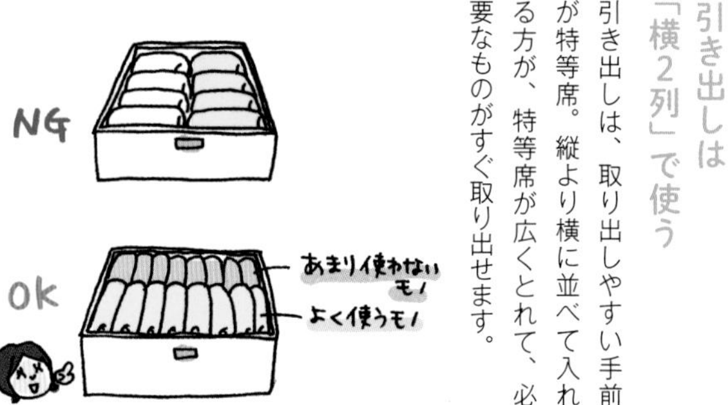

よく使うものを手前、あまり使わないものを奥にしまうと、出し入れがスムーズになります。

丸めるよりたたむ方が収納力アップ

Tシャツなどを丸めて収納すると、厚みが出てたくさん入らず、周りに余分なスペースもできてしまいます。引き出しの高さに合わせて、四角い形になるようにたたむと、無駄なくたくさん収納できます。

P56のTシャツのたたみ方を参考に、輪を上にして立てて収納しましょう。引き出しを開けた時に、何が入っているか一目瞭然です。

ストールはハンガーに結んで収納する

ストールは、1つのハンガーに2〜3枚結んで収納しましょう。ネクタイは丸めて仕切りのある収納ボックスに入れるか、ネクタイハンガーへ。フックが回転するタイプなら、サッと取り出せます。

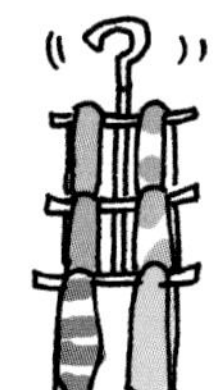
えらびやすい！

ストールやスカーフはシワになりやすいので、たたむ収納はNG。ハンガーにふんわりと結べばシワにならず、そのまますぐに使えます。

冠婚葬祭のアイテムはセットで収納する

冠婚葬祭用の服やバッグ、アクセサリーや靴は、1つにまとめて、上の棚に収納します。セットにしておくことで探す手間が省けるだけでなく、急な場面での忘れ物を防ぐこともできます。

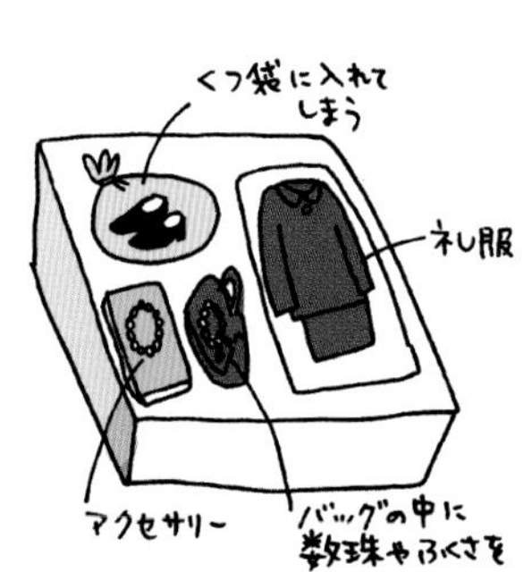
くつ袋に入れてしまう
礼服
アクセサリー
バッグの中に数珠やふくさを

着るシーンが限られるパーティードレスなども、小物や靴と一緒に収納するのがおすすめです。

シーズンオフの服は上の棚に収納する

衣替えをして、シーズンオフの服を上の棚に収納すると、スペースに余裕ができ、クローゼットが使いやすくなります。衣装ケースにラベルを貼り、中身がすぐわかるようにすると便利です。

シーズンオフの衣類を預かってくれる、保管サービス付きのクリーニングなどを利用すると、クローゼットに余裕ができます。

共同で使う時は左右でスペース分けする

夫婦で1つのクローゼットを使うと、ものがごちゃついて持ち主がわからなくなります。共用する場合は、それぞれのスペースを左右片側ずつに分け、各自で管理するようにしましょう。

ハンガーにかけた服や小物類、衣装ケースなど、自分のものは全て自分の側にしまうことで、必要なものをパッと見つけられます。

定期的に中身をメンテナンスする

片づいたクローゼットを保つためには、毎日の片づけはもちろん、定期的なメンテナンスが必要です。衣替えの時期は、持ち物を総点検し、汚れやほつれなどが目立つものは処分しましょう。

衣替え後、新しく服を買う場合も、自分のクローゼットのスペースに収まる数にしましょう。

ファッション雑貨も定期的に見直す

バッグや靴、アクセサリーなども定期的に見直し、使っていないものや、好みが変わったものは処分しましょう。独身時代はよく使っていたものも、出産後は全く出番がないということもよくあります。

ライフスタイルによって
必要なものも変わります

「まだ使える」と思う小物でも、今持っている服のテイストと合わない場合も。服と合わせて見直すとよいでしょう。

シャツ

①１番上のボタンと、下から２番目のボタンをとめる

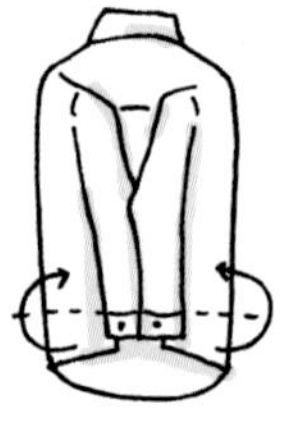

②後ろ身ごろを上にして両脇を折り、そで口で１回折る

③引き出しの高さに合わせて、すそから３つ折りし、えりを上にして立ててしまう

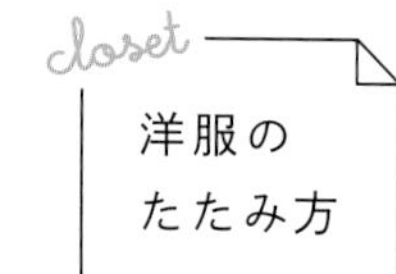

Ｔシャツ

①後ろ身ごろを上にして置く

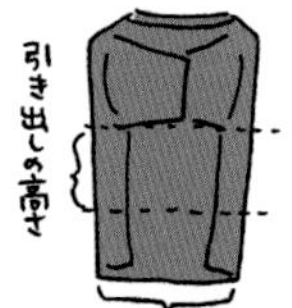

②身ごろの幅が引き出しの奥行きの半分になるよう、両そでを折る。引き出しの高さに合わせ、すそから３つ折りにする

③輪を上にし、立ててしまう

セーター

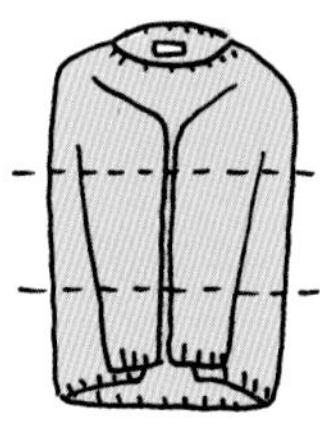

①前身ごろを上にして、身ごろの幅が引き出しの奥行きに合うように両脇を折る。両そでを折り返す

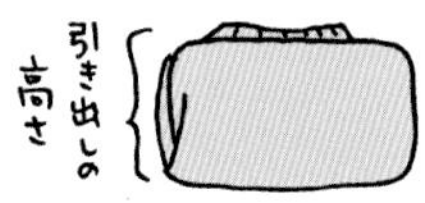

②引き出しの高さに合わせて、すそから3つ折りにする

③輪を上にし、立ててしまう

ジーンズ

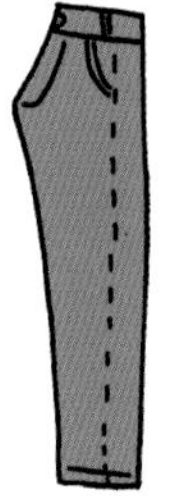

①真ん中から縦半分に折る

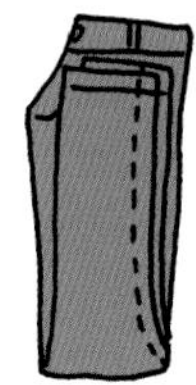

②厚みが出ないよう、ウエストとすそを少しずらして、半分にたたむ

③引き出しの高さと同じになるようにたたむ。輪を上にし、立ててしまう

ブラジャー

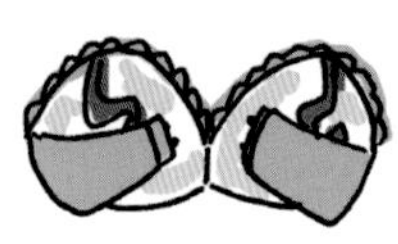

①カップの内側に、ストラップとサイドベルトを入れる

②半分に折り、左右のカップを重ね合わせる

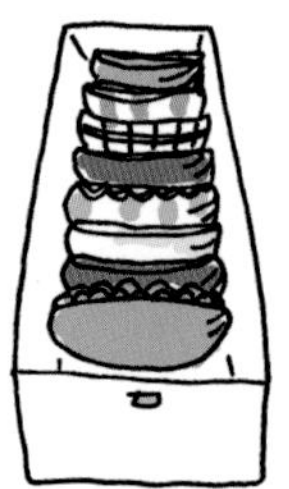

③カップの大きさに合う収納ケースや仕切りを使い、型崩れしないようにしまう

パーカー

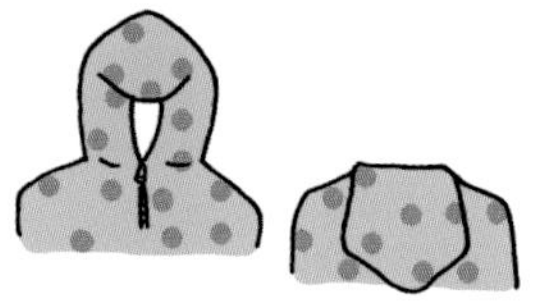

①前身ごろを上にして、フードを下の方に折りたたむ

②身ごろの幅が引き出しの奥行きに合うように両脇を折り、そでを折り返す

③引き出しの高さに合わせて、すそから３つ折りし、輪を上にして立ててしまう

パンプスソックス

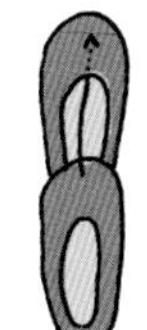

①片方のソックスの中に、もう片方を入れて重ねる

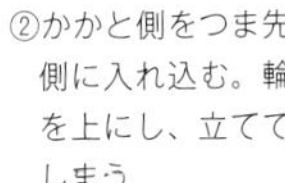

②かかと側をつま先側に入れ込む。輪を上にし、立ててしまう

靴下

①靴下を重ね合わせて、3つ折りにする

②つま先をゴムの部分に差し入れる。輪を上にし、立ててしまう

ストッキング

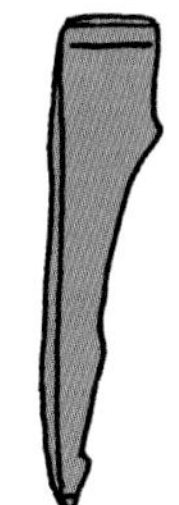

①両足をそろえて、縦半分に折る

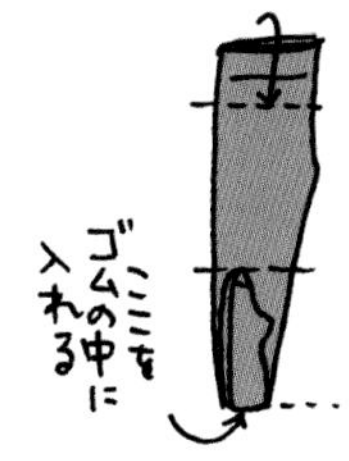

②つま先の方から3つ折りにして、全体をウエストのゴムの中に入れ込む

③さらに半分に折り、輪を上にし、立ててしまう

③折った部分を左腕で押さえ、左肩と首の真ん中あたりを左手でつまみ、右手を脇の部分に置く

④右手で脇の部分を前に送り込み、左右対称になるように折る

⑤左手でＴシャツを押さえながら、半分に折る。引き出しにしまう場合は、引き出しの高さに合うよう調整する

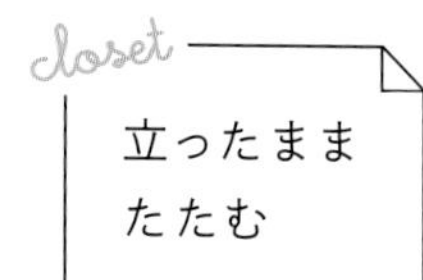

立ったまま たたむ

「洗濯物を広げる場所がない」「たたんでも、運ぶうちに崩れてしまう」など、洗濯物を片づける時の問題は、服をしまう場所で立ったまま洗濯物をたためば解決します。

Ｔシャツ

①前身ごろを自分に向け、右肩と首の真ん中を右手でつまみ、左手は脇に置く

②右手で押さえながら、左手で脇の部分を前に送り込むようにして折る

奈々先生の片づけコラム

少ない服でもおしゃれはできる

服が多い＝おしゃれではありません。ベストセラー『フランス人は10着しか服を持たない』にヒントを得て、ひと夏を10着で過ごしました。

bottoms

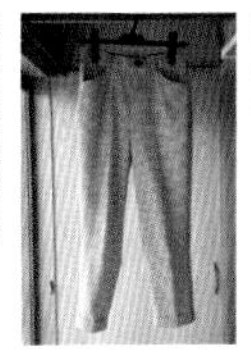

dress

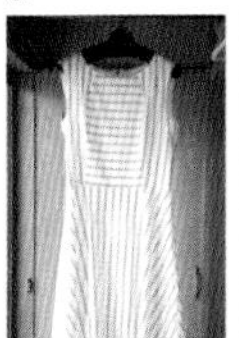

10着あれば、ワンシーズン乗り切れます

この夏は、お気に入りの10着＋ジャケットでひと夏を過ごしました。ビジネスにもプライベートにも着られる服を中心に、お気に入りのものを選び、トップスを5着、ボトムスを3着、ワンピースを2着という構成にしました。

いつ、どの服を着るか、TPOに合わせて選び、手帳に書き留めておけば、同じ服が続くこともなくなります。

おかげで、クローゼットもスッキリし、快適に過ごせました。読者のみなさんも挑戦してみてください。

単身赴任中のご主人のウォークインクローゼット。普段は使っていないので、いろいろなものがたまって、中に入ることができなくなっています。

依頼者
・30代女性
・ご主人は単身赴任中で
　2歳の娘さんと
　2人暮らし

ハンガーバーに服がかけられず、ドアに引っかけている

入りきらない服がむき出し。シーズンオフの服も混ざっている

ものがあふれていて、ウォークインできない

衣類以外のものが入っている

衣装ケースのサイズが合っていないので、引き出しを出せない

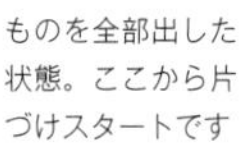
ものを全部出した状態。ここから片づけスタートです

サイズが合わない衣装ケースが入り口をふさいでいたので、奥が使えなくなっていました。収納グッズを買う時は、サイズを調べるのが鉄則です。

全てを取り出し、アイテム別に分類。ここから、クローゼットに入れるものを選びます

服をかけ、下のスペースを測り、ぴったりの衣装ケースを入れます

しっかり収納しつつも、ゆとりを感じてもらえる仕上がりにしました。

シーズンオフの冬服は収納ボックスに入れて、上の棚へ

出し入れしやすい中段に、ミシンや裁縫道具をしまうコーナーをつくった

衣装ケースの奥に、圧縮した冬の布団を収納した

片づいてるって
気持ちいいい～
うっとり
今日は 奈々先生に
教わりながら
我が家の
物置
部屋の
押し入れを
片づけるわよ！
よーし
先生が来る前に
準備しておこう！
すでに
部屋に散らかったものは
運び出したから
後は中のものを……
えいっ
ギギ
あれ？
開かない
ピンポーン
うわっ
ドサ
ママーッ
ドサ
ドサ
ドサ
先生だ 呼んできて！
うんっ
ピューーッ

麻衣子さん大丈夫？
こっちー
お手数かけます
うんしょうんしょ
救出中…
よくここまで詰め込んだわね
とりあえず捨てられないものは全部ここだから…
お恥ずかしい…
片づかない人の特徴ね
押し入れにたまる品々
子どもの絵やアルバム
紙袋や包装紙がどっさり!!
贈答品が箱ごと
家電の箱
etc.…

そうしていくうちにものがたまって手がつけられなくなるのよ
そしてこうなる!!
ごもっとも…
押し入れの片づけの極意は捨てる!!
麻衣子さんいらないものを仕分けていって!
はいっ
これ赤ちゃんのとき?
そうよー
うーんこれは新品だし〜これはそのうち使うかも〜
……
捨てる
これ本当に使う?想像してみて!!
ゴゴゴゴ
いつ使うの?何年後?家電はいつ売るの?
引き出もの
家電のハコ
い、いらないです…
ものを捨てる基準はこれよ!自分に問いかけてね
□いつか使うっていつ使うの?
□使う自分を想像できる?
□その量、本当に必要?
特にこういうものはたまりやすいの見つけたら即捨てる!!
紙袋
いただきもの
家電の箱
はいっ

1時間後
あっ これも いらないわっ
なんか捨てるのが楽しくなってきました
ホホホ
そうでしょ
捨てる
押し入れのものは捨てるかの決心がしやすいの
ここで捨てられる体質になると他の部屋の片づけもラクよ〜
そうなんだ〜
仕分けたら次は収納!!
上段
手前
下段
よく使うものは上段手前へ
毎日使うものの指定席
布団
など
ものの使用頻度に合わせて指定席を決めましょう
3時間後
終わった〜〜っ
捨てるもので売れそうな品はリサイクルへ
リサイクル SHOP
1500円です
1000
500
やった! ヘソクリにしよ
ヘソクリの指定席は下段奥ね
ニヤリ

oshiire

お金が貯まる押し入れの片づけ

長年使ってないものがたまりやすい場所
不用品は処分してスペースを活用

押し入れは、家の中でも大きな収納スペース。シーズンオフのものや普段あまり使わないものなど、いろんなものが収納できます。

しかしその一方で、奥行きがあり、ものの出し入れがしにくい空間でもあります。奥に何があるか把握しづらく、使っていないものが何年も置きっ放しになることも。いらないものでせっかくの収納スペースを無駄にするのはもったいないので、きちんと片づけましょう。押し入れのものは「置きっ放し=不用品」と考えると、「捨てるor捨てない」の判断も簡単。仕分けやものを捨てるのが苦手という人は、押し入れから片づけ始めるのもおすすめです。押し入れの片づけを通して「捨てられる体質」になると、キッチンやリビングなど、他の部屋の片づけもラクにできるようになります。

不用品を処分し、スペースを活用

押し入れは紙袋や子どもの工作など、すぐに捨てられないものの仮置き場になりがち。ルールを決めて、ためないようにしましょう。

使わないものは潔く捨てる

何年も使わず、放置されているものはすぐに処分。服と同じように、「いつか使うかもしれないから、残しておこう」は厳禁です。

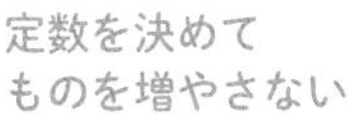

定数を決めてものを増やさない

「とっておく紙袋は３枚まで」と決めたら、それ以上は捨てましょう。エコバッグを使うなど、増やさない工夫も大切です。

思い出はデジタル化して残す

子どもが描いた絵や工作は、子どもと一緒に撮影し、一時保管。１年くらいのサイクルで現物を残すかを検討し、整理しましょう。

oshiire

押し入れの収納法

天袋

クリスマスツリーや五月人形などの飾り物、オフシーズンの服、ブーツ、こたつ布団など、季節外のものをしまう

上段

毎日使う布団や、よく取り出すものをしまう。引き出すタイプの収納グッズを使うと、奥も有効に使える

下段

重いものや大きいものを中心に収納。よく使う日用品は手前、季節家電は奥にしまう

押し入れと奥行きが合うサイズの収納用品を入れると、スペースが無駄にならない。奥にホットカーペットなどを置いてもいい

掃除機は右か左の端に置くと、ふすまを全部開けなくても取り出せて便利

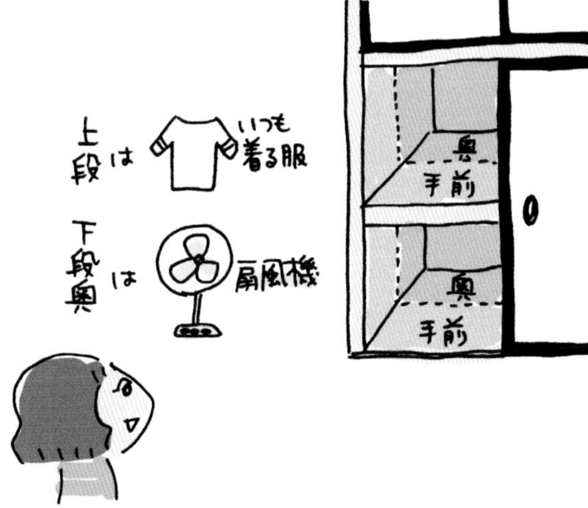

奥と手前、上段と下段を使いこなす

立ったまま出し入れできる「上段」、すぐに取り出せる「手前」が使いやすい場所。毎日使うものは「上段×手前」、シーズンオフのものは「下段×奥」など、場所の特性を考えて収納を決めましょう。

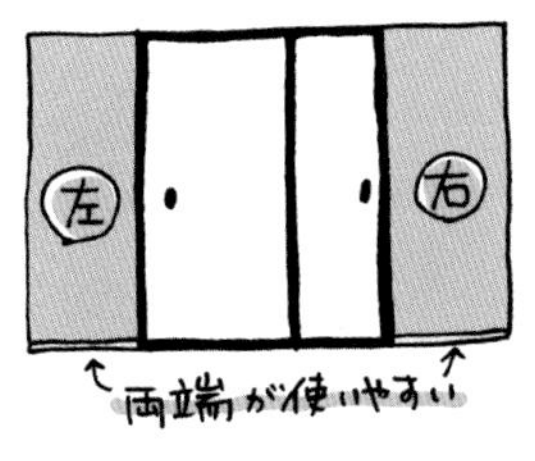

ふすまを開けて出し入れするので、よく使うものは両端に置くと使いやすくなります。

収納グッズを使って家具代を節約

引き出し式の収納ケースを入れたり、つっぱり棒などをハンガーバーにすれば、押し入れがクローゼットの代わりになります。高価な家具を買わずに済むので、支出を大幅カットできます。

押し入れがマイクローゼット

収納グッズを購入する際は、押し入れのサイズと合うかどうかを必ずチェックしましょう。

つっぱり棒で洗面台下の空きスペースを活用

洗面台下の上部は、デッドスペースになりがち。つっぱり棒を取り付けて、空いたスペースを有効活用しましょう。霧吹き型の洗剤の取っ手を引っかければ、出し入れもスムーズ。コの字ラックを置いて棚をつくるのもおすすめ。

つっぱり棒で
こんなアイデアも！

ハンガーラックは手前に引き出すタイプを

押し入れ上段をクローゼット代わりに使うなら、スライド式のハンガーがおすすめ。ハンガー部分が手前にスライドするタイプを使えば、奥までたっぷり収納できます。

横向きの押し入れハンガーは奥がデッドスペースになるため、収納する服がたくさんある場合は避けましょう。

引き出す収納グッズで奥も無駄にしない

衣装ケースは、出し入れしやすい引き出し式がおすすめ。奥行きが押し入れに合ったものを選べば、スペースが無駄なく使えます。キャスター付きのものにすると、動かすのもラクです。

衣装ケースは重ねて使ったり、上に重いものを置いたりすると枠がたわみ、引き出しが出しにくくなる場合も。強度に注意して購入しましょう。

イベントグッズは1箱にまとめてラベリング

正月やクリスマス、ハロウィンなどに使うグッズは、イベント別に箱に入れてラベリングをすると、管理しやすくなります。決まった時期にしか使わないので、重くなければ天袋にしまうのがおすすめ。

天袋への収納は軽い箱やソフトケースを使うと、取り出しやすくなります。取っ手付きのものも便利です。

季節家電の箱は捨ててカバーをかける

家電の箱は、スペースをとるので捨てましょう。扇風機や暖房器具などの季節家電も、100円ショップなどで売っている専用の収納袋でカバーする方が、スペースの節約になります。

季節家電は収納キャリーに乗せ、押し入れ下段の奥へ。サッと引き出して取り出せば、季節ごとの家電の入れ替えもスムーズです。

押し入れ下段は湿気対策を心がける

押し入れ収納で気をつけたいのが「湿気」。放置しておくとカビが生え、ものが傷む原因に。すのこや新聞紙を敷いたり、週に一度は換気をするなどしましょう。

押し入れの下段は特に湿気がたまりやすいので、ダンボールなど湿気を吸いやすいものを入れないようにしましょう。

使用頻度の低いものはリースを利用する

来客用の布団など、かさばるけれど使用頻度の低いものはリースがおすすめ。年に一〜二度くらいしか使わないのなら、思い切って捨て、その分の収納スペースを空けましょう。

リースの布団は、季節に応じたものを届けてもらえるのもうれしいポイント。布団を干したり、シーツを洗濯する手間も省けます。

「収納スペースはたくさんある」と油断していると、どんどんものがあふれるので注意！

ものが乱雑に積まれ、棚のものが取り出せない

依頼者
・30代女性
・夫と子どもの4人暮らし

化粧品や文具など、いろいろな種類のものがごちゃ混ぜで、何があるか把握できない

アイロン台が出しっ放し

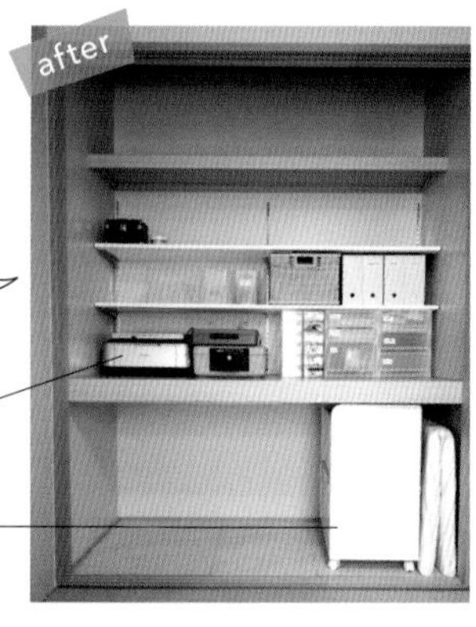

下段はアイロン関係、中段はパソコン周辺機器など、グループ分けをして収納し、使いやすくしました。化粧品は、よく使うリビングに移動させました。

スキャナーとプリンターを収納。パソコン周辺機器は中段にまとめた

キャスター付きラックに、アイロンとアイロン台を一緒に収納。取り出しやすさもアップ！

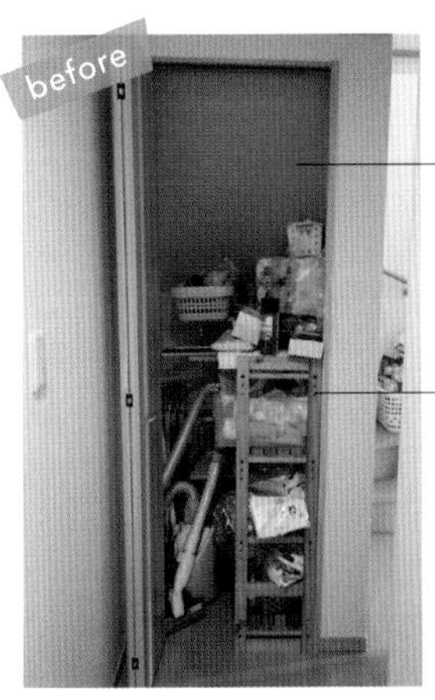

上の空間がうまく使えていない

木製ラックと掃除機が手前に置かれ、奥にある棚のものが取り出せない

つっぱり棒を付け、紙袋などをかけて収納できるようにした

同じ家の階段下収納。奥行きがあると、手前にものがたまりがち。入り口の木製ラックを取り出して、奥の棚を使えるようにしたら、スッキリしました。

手前にあった木製ラックは別の部屋で利用し、奥の棚が使えるようにした

入り口にものを置かないようにし、ドアの開閉をスムーズにした

週末
夫の実家へ
お義母さん
ごぶさた
しています
どうぞ
遠くから
ありがとう
おお
キレイで
上品な
カップ〜
すてき…
私も片づけ
手伝います
わっ
キレイなキッチン
ジャバ
ジャバ
うちとは
大違い…
ごっちゃり
あ、お義母さん
かわりますよ

キレイな
台所
ですね〜
フフフ
お金の
ためにキレイに
してるのよ
そのカップも
ヘソクリで
買ったの
ウン万円
えっ!!
どうしたら
台所でお金が
貯まるんですか?
教えるわ
フフフ
そのポイントは
2つ!!
ホホー!!
ストック食材と
冷蔵庫よ!!
あなたの
ストック食材は
どうなってる?
ぐちゃぐちゃ
何があったっけ?
えーと…
このくり返しです
在庫がわからずダブり買い
↓
スペースがなく上手に収納できない
↓
使い忘れて無駄にしてしまう
こりゃお金は
貯まらないわ

うちのを見て！
おお〜
お金の貯まる食品ストックの片づけはね
❶ グループ分けをする
❷ ストックの数を決める
❸ 指定席を決める
❹ ラベルを貼る
指定席にラベルを貼るといいわよ
スーパーみたいにね！
ラーメン
インスタント
ビスケット
カレー
なるほど〜 で、スーパーのちらしをチェックして安い時に大量買い それで小銭を…
ブッブーッ
ストックは1品に1個って決めてるの
使い切らなきゃマイナスよ！

じゃあ次は冷蔵庫
カチャ
スカッ
えっ少ない…
もしや食費を削って貯金を…？
義父さん最近ヤセた？
今、ケチって思ったでしょ
そんなめっそうもない!!
ブルン
ブルン
これでも多いくらいよ
ひと目で何があるかわかると無駄買いしないし
つけもの
飲料ストック
味噌
手作りソース
小さい容器の調味料
電気代も節約できるのよ
そして秘密はここにも!!
ガラッ
冷凍庫
うわ～こっちはギッチギチ!!
冷凍庫は詰めた方が電気代も浮くの
立てて収納すると無駄もないわよ

おなかすいた〜
すぐつくるわよ〜
洗う
水切り
野菜を切る
盛りつけ
サッ
サッ
トン
ふわ〜〜
えっもう？
はいできた
お義母さますごすぎる！
神ワザ!!
このポイントは動線よ
作業内容に合った収納にすると動きやすいわ
コンロ
調理スペース
流し
水まわりの下にザルなど
コンロの下にフライパンなど
ほーっ
調理道具は1つで何役もこなすものを選ぶと省スペース
焼く
煮る
揚げる
中華ナベ
使わないものは処分
シリコンスチーマー
タジン鍋
めったに使わないものは処分したり、吊り戸棚の上段へ

キッチンにも
衣替えがあるのよ
夏モノ
冬モノ
ガラス食器
なべ
そうめん鉢
グラタン皿
etc…
季節ごとに使いやすい場所へ
入れ替える
使いやすく
収納すると
家事の時短が
できるから
働く余裕も
できるわよ
そして
収納スペースを食う魔物
"タッパー"
麻衣子さんちには
いくつあるかしら？
えーっと
6コ、7コ… 10コ
???
タッパーは
かさばるし
場所もとるのよね
ガオー
ジッパー付き袋を
タッパー代わりに使えば
省スペースよ！
1箱でタッパー
10コ以上!!
ジッパー袋
お義母さま
ありがとう
ございました
麻衣子さん
応援しているわ
ごはん
まだ…？
グ〜 グ〜

kitchen

お金が貯まる キッチンの片づけ

調理道具や食器をベストな位置に置き 作業しやすいキッチンをつくる

キッチンは様々なものを使う場所。しかも鍋やフライパンなどの調理道具、食品など、ジャンルもいろいろで、形もバラバラです。その場の思いつきで片づけていると、すぐに散らかってしまうので、次の法則で片づけるようにしましょう。

① ものを調理道具、食品、食器に分ける
② 調理道具を、火と水に関するもので分ける
③ 分けたものを使う場所の近くに置く

①〜③の法則でものの指定席を決めると、動線がグンとよくなり、調理時間も短縮できます。手早く調理できれば、ガスや電気、水を使う量も減るので、光熱費の節約にもなります。

作業効率のいいキッチンづくり

ものを置く場所や置き方を工夫し、使いやすいキッチンにしましょう。家事の時間短縮にもなります。

1. 調理道具と食品、食器を分ける

目的の違うものが混在しないよう、グループ分けをしましょう。

2. 調理道具を火と水で仕分け

フライパンやフライ返しなど、コンロのまわりで使うものと、ボウルやザルなど、流し台の近くで使うものに分けます。

3. 使う場所の近くに置く

P86、96、98を参考に、ものの定位置を決めましょう。よく使うものは片手ですぐ取れるようにするなど、収納も工夫しましょう。

kitchen

キッチンの収納法

シンク上の吊り戸棚

キッチン小物（アルミホイル、ラップ、スポンジなど）のストックやパーティー用品など、時々使うものを収納

調理台上の吊り戸棚

取り出しやすい下段に砂糖や塩、小麦粉などの調味料を置きます。上段には、湿気を嫌う食材のストックを収納

コンロ下

フライパンや鍋、油など、火のまわりで使うものをしまう

シンク下

包丁やザル、ボウルなど、水まわりで使うものを入れる。下段には重い土鍋や大皿、ホットプレートなど

引き出し

カトラリーやピーラーなど、小さなものを上の引き出しに。下の引き出しにはお弁当関連のものをしまう

高い位置の収納は持ち手付きにする

シンク上の吊り戸棚など、高い場所にしまうものは、持ち手の付いた収納グッズに入れると、出し入れが簡単になります。頭上に置くのは、軽くて割れないものにすると安全です。

見ただけで何が入っているかわかるよう、収納グッズにラベルなどを貼るのもおすすめです。

季節の料理小物は吊り戸棚の上段へ

箱に入れたかき氷器や、おせち用のお重など、オフシーズンのキッチン用品は吊り戸棚の上段へ。定位置を決めておけば、ものが迷子にならずに済みます。

使いにくい吊り戸棚の上段は詰めすぎNG！

吊り戸棚の上段は取り出しづらい場所なので、年に１～２回使う程度のものを収納しましょう。

重いもの、とがったものは上に置かない

ホットプレート、大きな皿、土鍋などの重いものや包丁を上の棚に置くと、取り出す時や地震などで落下し、ケガする恐れがあります。あまり使わないものでも、下の棚に置くようにしましょう。

どこに収納したか忘れないよう、マスキングテープなどを使って扉にラベリングしておくとよいでしょう。

扉の裏を活用し収納力を上げる

キッチンが狭くて収納スペースが足りない場合は、シンク下の扉の裏を活用しましょう。フックやラックを取り付け、ラップやビニール袋など軽いものを収納すると便利です。

扉に引っかけるタイプのフックは、くぎを使わずに設置できるので、賃貸の人におすすめです。

フライパンや鍋は立てて収納する

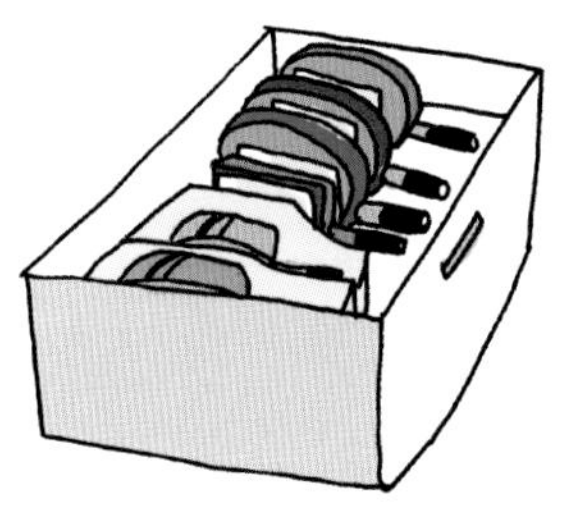

フライパンや鍋は、ファイルボックスを使って1つずつ立てて収納すると、取り出しやすくなります。1つのボックスに重ねて入れる場合も、2つまでにするとすぐ取り出せて便利。

卵焼き用など、小さなフライパンは扉の裏にフックを付け、吊るして収納するとスペースを有効活用できます。

ふたを裏返してしまうと収納力が上がる

ドーム状で高さのある鍋のふたは、そのまま鍋の上に乗せるとかなりスペースをとってしまいます。裏返して本体と一緒に収納すれば、ふたの高さ分のスペースが節約できます。ふたを探す手間も省けて一石二鳥です。

ふたがフラットなタイプであれば、裏返して収納することで上にものを重ねることができます。

キッチンツールはS字フックに引っかける

お玉やフライ返しなど、コンロのそばで使うキッチンツールは、見せる収納が便利。レンジフードのふちにS字フックを引っかけたり、壁面にタオルハンガー＋S字フックを使って吊るしましょう。

キッチンツールは同じシリーズでまとめると統一感があり、スッキリ見せることができます。

よく使うザルやボウルは乾かしながら収納

ザルやボウルは、シンクの近くに収納しましょう。シンク上の壁に、粘着テープなどでフックを取り付け、洗ったらかけて干すと清潔です。よく使うものは、そのまま壁にかけておいてもOKです。

乾かしてから収納する場合、ザルはザル、ボウルはボウルで重ねてシンク下にしまうと、ごちゃごちゃしません。

ラップ類は調理台近くに置いて使いやすく

アルミホイルやラップ、クッキングシートは、調理台のそばにあると便利。吊り戸棚に引っかけるタイプのコの字ラックを使うと、スッと取り出せます。

マグネット付きのケースを冷蔵庫に付け、そこに立てて収納するのもおすすめです。

まな板は浮かせる収納で清潔に

まな板を立てて置くと、下の面が乾かず不衛生に。全体が乾くよう、浮かせて収納するのがおすすめです。空間を活用でき、スッキリさせられるのも◎。

吊り戸棚に引っかけるコの字ラックが便利ですが、タオルハンガーを2つ使って代用もできます。

シンク下は引き出しで奥の空間も活用

使いづらいシンク下のスペースは、引き出しタイプの収納がおすすめ。奥行きがぴったり合う引き出しを使って、奥もしっかり活用しましょう。引き出しなら、こまごましたものも入れられて便利です。

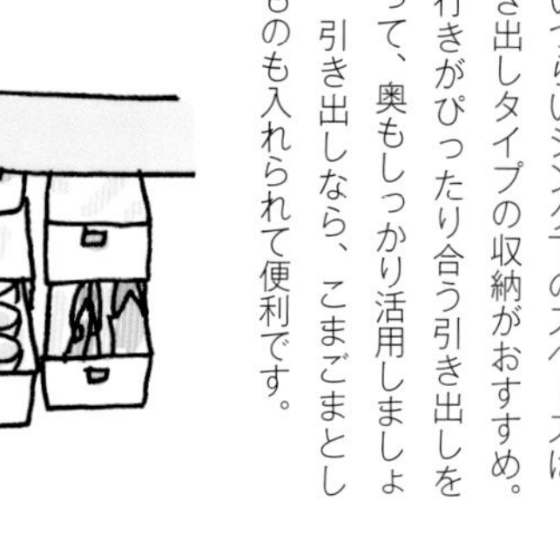

皿、調理道具、小物など、1つの引き出しに1ジャンルのものを入れると、中身が把握しやすくなります。

お弁当グッズは1カ所にまとめる

弁当箱は、しょうゆ差しや仕切り用のカップ、バンドなどと一緒に1つの引き出しに収納すると、ものを探す手間が省けます。弁当箱は重ねると取り出しにくくなるので、立ててしまいましょう。

ピックなどの小物類は、使っていない弁当箱などにまとめて入れると便利です。

密封容器は数を厳選し ふたをして収納

タッパーや弁当箱は、知らぬ間にどんどん増えるアイテム。食品の保存はジッパー付き袋で代用できる（→83ページ）ので、本当に必要なものだけを残し、引き出しに立てて収納しましょう。

ふたと本体はバラバラにせず、セットでしまえば、探す手間もかけずにすぐ使えて便利です。

ゴミ袋はゴミ箱の底にしまう

ゴミ箱の底にゴミ袋を収納しておくと、中から新しい袋を取り出してすぐセットできるため、ゴミ袋を取りに行く手間を省けます。それぞれのゴミ箱の分別に合ったゴミ袋を入れておきましょう。

ゴミ箱は大きめのサイズでふたがしっかり閉まるタイプを使うと、においも気にならず快適です。

kitchen

お金が貯まる食品ストック・食器の片づけ

種類別の片づけ＆収納で適正量を決め「賞味期限が切れていた」をなくす

どこの家にもあるレトルト食品や瓶詰めなどの食品ストック。長期保存できて便利ですが、使い切れずに捨ててしまっては無駄のもとに。食品を全部出し、左ページの手順を参考にして片づけましょう。片づけるうちに「大量のカレーのルーが使われずに残っている」「チリパウダーは一度使ったきり」など、在庫確認せずに買いすぎてしまったものや、衝動買いグセなどの問題に気づくこともできます。分類したものの量、種類、収納スペースを見ながら、使用頻度に合わせてストックの適正量を決めましょう。

食器は普段使いのものを使いやすい場所へ置き、来客用やシーズンオフのものを上の棚に収納するのが基本。スペースが足りない場合は、コの字ラックなどを使って収納力を上げるのがおすすめです。

無駄を出さない片づけ法

保存期間が長いからと、つい余分に買いがちな食品ストック。月に一度は全部取り出して、メンテナンスをしましょう。

1. 食品ストックを全て出す

レトルト食品や缶詰、乾麺、スパイス、調味料など、あらゆる食品ストックを外に出し、賞味期限切れなどで食べられないものは捨てます。

2. 分類する

残ったものを麺類、缶詰類、乾物、粉類、調味料、レトルト食品、インスタント食品、お茶類、飲み物、菓子類の10のグループに分けます。

3. 適正量を決め、無駄買いを防止

使用頻度に合わせ、ストック数を決めます。「よく使うツナ缶は最大5缶。残り1缶になったら買う」など、買い足しのルールを決めると◎。

kitchen

食品ストックの収納法

パスタの隣に乾麺、その隣にインスタント麺という具合に、関連する食品を並べると使いやすい

上段

お菓子類や乾物、乾麺など軽いものは上の棚へ。取っ手付きの収納に入れると、使いやすく便利

中段

調味料やレトルト食品など、小さくて使用頻度の高いものは、取り出しやすい中央の棚がおすすめ

下段

ペットボトルや米、油など、高さのあるものや重いものを収納。種類別に縦１列に並べると使いやすい

カゴにまとめると出し入れと管理がラク

同じ種類のものは、1つのカゴに入れておくと取り出しやすく、管理もラクになります。また、詰め替え用スパイスの小袋はカゴの下に埋もれがちなので、ふちなどにクリップでとめましょう。

無駄なく使い切れるよう、賞味期限が近いものだけを入れるカゴをつくっておくのもおすすめです。

開封後の袋も一緒に保管する

パスタなどの乾物の外袋には、賞味期限や調理法などが書いてあるので、袋ごと密封容器にしまうと◎。干ししいたけや海苔など、乾燥剤が付いているものは、乾燥剤も一緒に入れておきましょう。

レトルト食品は買ってきたらパッケージに大きく賞味期限を書いておくと、使い忘れを防ぐことができます。

片づけの実践　キッチン

kitchen

食器の収納法

上段

普段あまり使わない来客用の食器、正月などのイベント用の食器をしまう

中段

コーヒーカップやグラス、茶碗など、普段使う食器を手の届きやすい場所に置く

下段

大皿や土鍋などの重いもの、カセットコンロやホットプレートなど、時々使うものを置く

引き出し

小皿やカトラリーなど、こまごましたものをグループ分けして入れる

時々しか使わない食器はシーン別にまとめる

来客用の食器は、1つのボックスにまとめると取り出しがラクに。茶碗やお椀、お皿や箸など、食事に使う道具一式を箱に入れてまとめておけば、1つずつ探す手間がなく便利です。

正月やパーティーなど、イベント時に使う食器もそれぞれまとめておくと、必要な時にすぐ取り出せます。

種類でなく、使う頻度に合わせて収納する

食器棚の取り出しやすい場所は限られているので、茶碗や湯のみなどの種類別ではなく、普段使うものとそうでないもので分けて収納すると便利です。

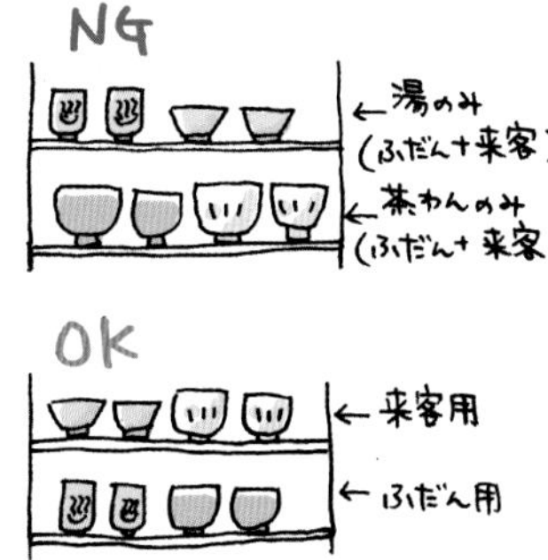

出し入れしやすくなるよう、普段使う食器は棚の中段へ。使用頻度の低い食器は上段などに収納しましょう。

お皿は重ねすぎず上を空けると出しやすい

違う種類の食器を3セット以上重ねると、真ん中や一番下の食器を取り出すのに手間がかかります。使い勝手が悪くなるので、重ねるのは2セットまでにしましょう。

サイズや種類をそろえて重ねると、見た目もキレイに

棚板との間に、上の食器を持ち上げられるくらいのスペースを空けておくと、出し入れしやすく便利です。

グッズを使って収納力アップ

コの字型のディッシュラックは、食器棚の収納力をアップさせる強い味方。つなげて段を増やせるものや横幅が伸びるものなど、様々なタイプがあるので、場所や収納する食器に合わせて使い分けを。

コの字型のディッシュラックには置き型と吊り下げ型があり、両方できるものもあります。

ファイルボックスで大皿を収納

大皿を重ねて置くと、下のお皿が取り出しにくくなります。しかも横にスペースをとり、上の空間を余らせてしまうことも。ファイルボックスに立てて収納すれば、省スペースですぐに取り出せます。

食器が倒れないよう
頑丈なボックスを使いましょう

深さのある引き出しにディッシュスタンドなどを置き、食器を立てて収納するのも◎。平置きよりもたくさん入れることができます。

同じ種類のグラスは縦1列に並べる

手前に背の低いグラス、奥に高さのあるグラスを並べると、奥のものを取り出す時に手前をどかさないといけなくなり、不便です。同じ種類のものは縦に並べ、取り出しやすくしましょう。

種類ごとに並んでいると、どのグラスが何個あるかがひと目でわかり、用途に合わせて選びやすくなります。

カトラリーは分類し縦にしてしまう

細かく、ごちゃごちゃするカトラリーは、箸、スプーン、フォークなどの種類別、木製やステンレスなどの素材別、使用頻度などで分類し、ケースや仕切りを使って引き出しに収納しましょう。

横向きにすると、奥のものが取り出しにくくなるので、縦向きにしまうのがおすすめです。

普段用と来客用を2段に分ける

引き出しが深い場合は、引き出しの中で収納ケースを2段にすると、スペースを有効に使えます。下の段に来客用などあまり使わないものの、上の段に普段使いのものを入れましょう。

ケースを縦と横の交互に置くと安定し、どこに何があるかパッとわかります。

好きなものを使いやすく収納

我が家の食器棚はさほど大きくありません。だからこそ、食器は慎重に選び抜き、大切に使っています。

作家ものの器を大切に使っています

我が家の食器棚は、普通かむしろ小さめです。しかし、来客の多い我が家では食器の数を減らすのも難しい。そこで、普段使いの食器を取り出しやすい上段にゆったり置き、下段には来客用をコンパクトにまとめて収納しています。

器が好きな私は、好きな作家さんの個展にもよく出かけるのですが、買う時はとても慎重。実際に使うシーンを想像し、今あるものから何かを手放しても欲しいと思える時しか買いません。その分悩むこともありますが、手に入れたものには愛着がわき、長く使っているものが多いです。

kitchen

お金が貯まる冷蔵庫の片づけ

買うもの、置いておくものを絞り冷蔵庫内には詰め込まない

冷蔵庫にものを詰め込むと、何がどれだけ入っているかが把握できず、食材の賞味期限を過ぎてしまったり、生鮮食品を腐らせてしまいがちです。さらに、今あるものがわからないと、ダブり買いや買い忘れの恐れも。

冷蔵庫の中がギッシリになっている人は、まず賞味期限切れのものを捨てて、中身を減らしましょう。その後、賞味期限や使用頻度に合わせてそれぞれの食品の位置を決め、収納していきます。一度食材の定位置を決めておくと、入れる場所に悩むこともなく、出したいものを探す手間も省けます。また、収納グッズや袋を使う時は、ラベルで中身や賞味期限がわかるようにしておくのもポイントです。必要なものをすぐに取り出せると、冷蔵庫内の冷気を逃がさず、電気代の節約にもつながります。

食材もスペースも無駄なく

冷蔵庫内に入れておくものを最小限にしておけば、片づけがラクな上に、使い切れずに捨ててしまう食材もなくなります。

早く使いたい食材は目につきやすいところに

使いかけの野菜や、賞味期限の近い食材は、野菜室の手前や冷蔵室中段などの目につきやすいところに置き、使い忘れを防ぎましょう。

冷蔵庫の中身は7割以下をキープ

冷蔵庫は詰め込みすぎると冷却効率が下がります。容量の7割程度に抑えて電気代を節約し、見た目もスッキリさせましょう。

買い物サイクルに合わせた量を買う

冷蔵庫の中身を増やさないためには、余計な食材を買わないことが大切。次回の買い物までに必要な分だけを買うようにしましょう。

kitchen

冷蔵庫の収納法

冷蔵室中段

早めに使い切りたいものを中段の手前に置くと、使い忘れずに済む

ドアポケット

調味料など、高さのあるものを並べる。ポケットが2列になっていたら、手前に背の低いものを

箱入りのアイスは箱から出してバラで入れれば、省スペースに

冷凍室

冷凍食品や、ジッパー付き袋で冷凍保存するものを入れる。重ねると下のものが見えなくなるので、立てて保存

野菜室

上段のトレイには小～中サイズの野菜・果物や使いかけの野菜を、下段には白菜や大根など大きなものを入れる

期限を書くなど使い忘れない工夫を

食品の箱や袋に賞味期限を大きく書き、期限が迫っているものから手前に置くなどして、使い忘れを防止しましょう。

早く使いたいものは、パントリーやストック棚の中段に置くと、目にとまりやすくなります。

トレイを使って奥のものも取りやすく

冷蔵室内は、古いものが奥へ追いやられて迷子になりがち。食品を直置きせず、奥行きのあるトレイに入れれば、引き出すだけで奥にあるものもすぐに取り出せます。

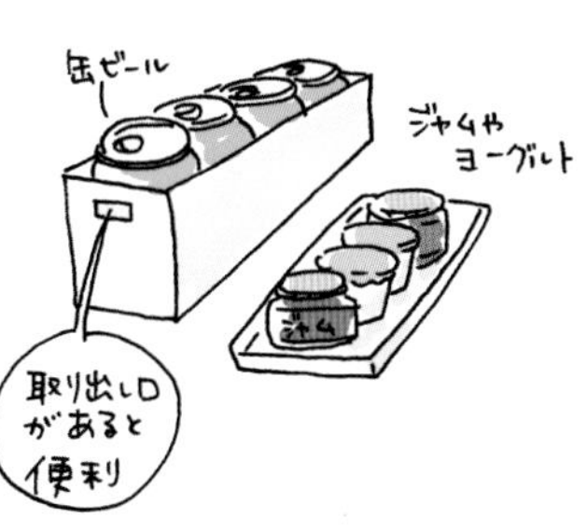

汚れてもトレイだけを洗えばいいので、掃除がしやすく、清潔を保つことができます。

同時に使うものは1つの箱にセット

ご飯と一緒に食べる漬物や梅干し、朝食でパンに塗るジャムやバターなど、同じタイミングで出すものを1つの箱にまとめておけば、1アクションでサッと取り出せます。

必要なものをまとめてすぐに取り出せると、冷蔵庫を開けている時間の短縮にもなり、電気代の節約にもつながります。

透明の容器なら在庫がひと目でわかる

プラスチックやガラス製の透明の容器なら、食品がどれくらい残っているかが一目瞭然。無駄買いを防ぐことができます。透明でない容器を使う場合は、目立つ場所にラベルをつけましょう。

作り置きや残りものだけではなく、使いかけの食材なども容器に詰め替えれば、在庫を管理しやすくなります。

小さいチューブはドアポケットにとめる

チューブ入りの調味料は、立てておくと倒れやすく、隠れてしまいがち。チューブの上部を冷蔵庫のドアポケットの外側にクリップでとめれば、すぐに見つけられ、ポケット外のスペースも活かせます。

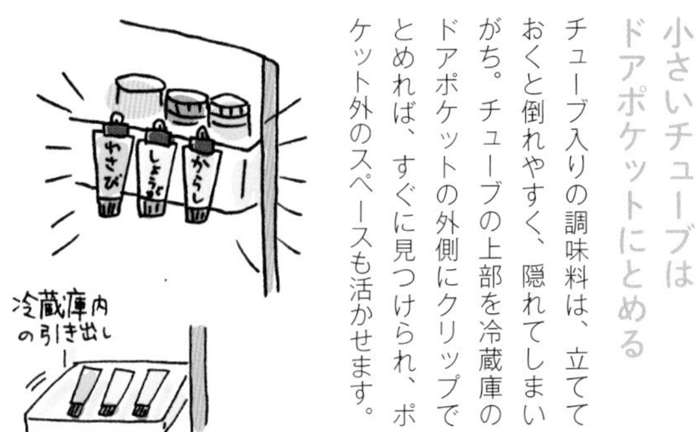

冷蔵室に底の浅い引き出しが付いている場合は、そこにチューブをまとめて入れてもOKです。

使いかけの野菜はタッパーにまとめて

使いかけの野菜は1つのタッパーにまとめて、野菜室の上段に入れましょう。野菜室を開けた時にすぐ目に入るので、使い忘れたまま古くなってしまうのを防げます。

早く使い切りたい野菜をもとに、献立を考えたり、買い物リストをつくることができ、無駄買いを減らせます。

立ち野菜は容器を使って立てて収納

白菜やほうれん草、ネギなどの立ち野菜は、種類別にして深めの容器に立てて入れましょう。重ねずに置くことで、ひと目見て何がどれだけあるかがわかりやすくなります。

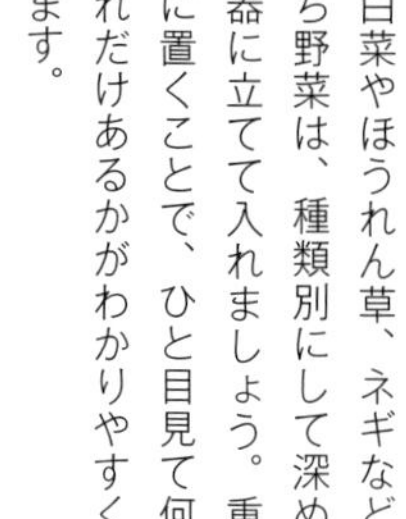

収穫時に立っていた野菜は、立てて保存することで長持ちするというメリットもあります。

冷凍庫の食材はラベリングして収納

冷凍庫内は、仕切りやラックを使って立てて収納しましょう。保存袋にクリップをとめ、食材名と冷凍した日付を書いたラベルを貼ると便利。在庫がすぐにわかり、傷む前に使い切ることができます。

賞味期限が迫っているものを手前の目立つ場所に置くと、使い忘れ防止になります。

食材の無駄買い防止

冷蔵庫内をスッキリした状態に保つためには、食材を増やしすぎないことが大切。ちょっとした工夫で、無駄買いをなくしましょう。

割高でも、買うのは食べ切れる分だけ

大容量の食材は、割安でお得に思えますが、食べ切れなければ結果的に高くつくことに。確実に食べ切れる分を買いましょう。

ドレッシングは調味料でつくる

しょうゆや酢など、基本的な調味料を使えば、様々なドレッシングがつくれます。用途の少ないドレッシングは買わないようにしましょう。

1週間分の献立を決め無駄買いを防止

1週間分の献立をまとめて考えておけば、無駄買いをなくせます。買い物時間も短縮できる上、衝動買いの防止にもなります。

手早く作業をしたいキッチンでは、必要なものがどこにあるかを把握しやすく、サッと取り出せることが大切。手の届きやすいスペースには、よく使うものだけを厳選して収納しましょう。

before
依頼者
・30代女性
・夫と子どもの
3人暮らし

棚の手前ギリギリまでものが置いてあり、奥のものが取り出しにくい

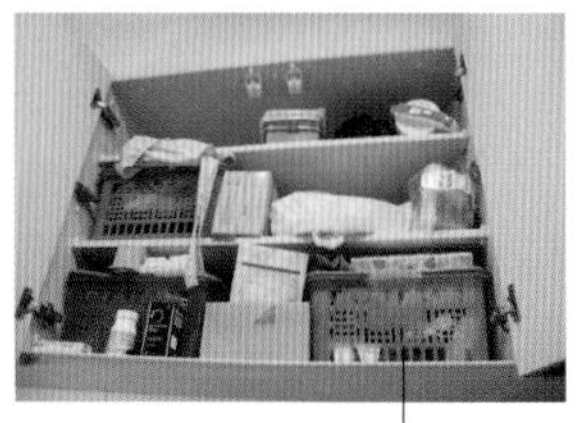
箱やカゴを使って収納しているが、中に何が入っているのかがわかりづらい

置く場所が決まっていないものが多く、散乱しがち。普段あまり使っていないものも出ている

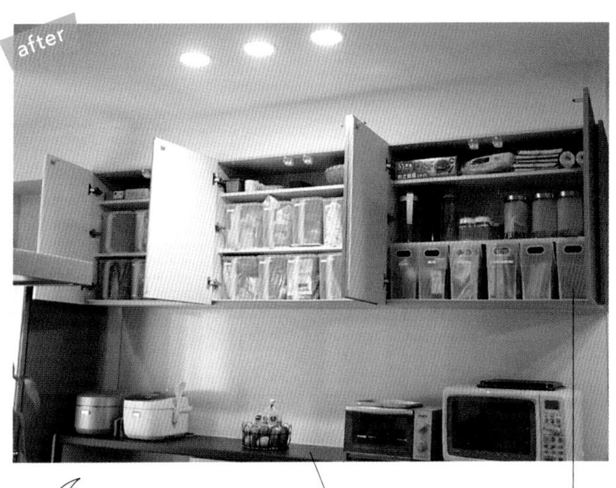

パッと見ただけで何がどこにあるかがわかるようにし、必要なものがすぐに取り出せるようにしました。

台の上に置いておくのは、最低限のものだけにして、スッキリと

半透明のケースで、中にあるものがすぐわかる

調味料があふれて、作業スペースを占領している

使用頻度の高いものも低いものもごちゃ混ぜに入れられていて、必要なものを取り出すのにひと苦労

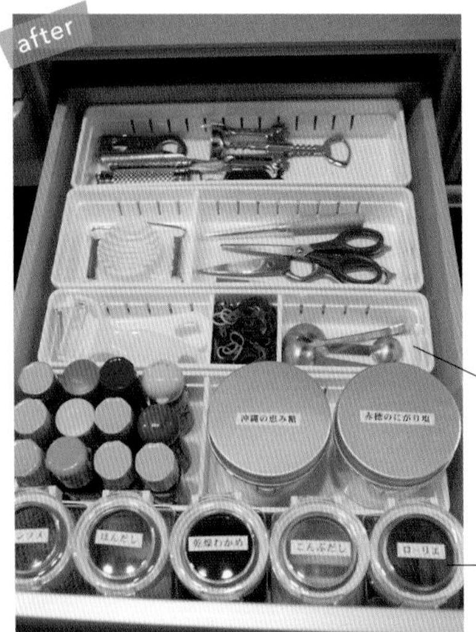

頻繁に開ける引き出しは、本当に使うものだけを入れるスペースに。調味料は、ひと目で種類と残量がわかるようにしました。

よく使うキッチンツールだけに絞って、切る、計る、皮をむくなど、用途別に収納

調味料は収納スペースに合わせた瓶に詰め替えてラベリングする

ぎゅうぎゅうに押し込まれていて、1つのものを取り出すと他のものが倒れてしまう

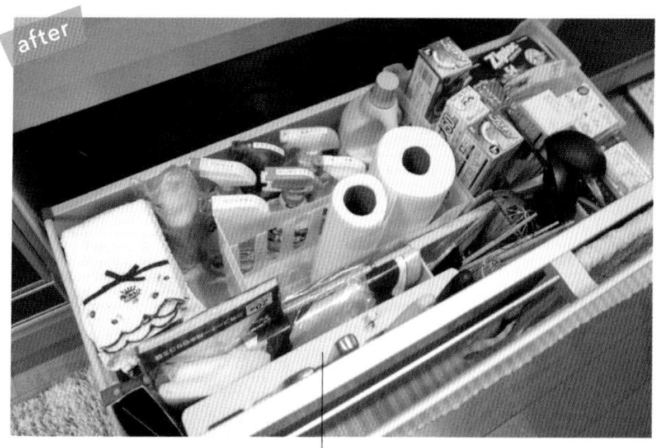

収納ケースを仕切り代わりにし、種類別にものを収納。必要なものだけをすぐ取り出せるようにしました。

調理に使うもの、掃除に使うものというふうに、関連したものを近くに置く

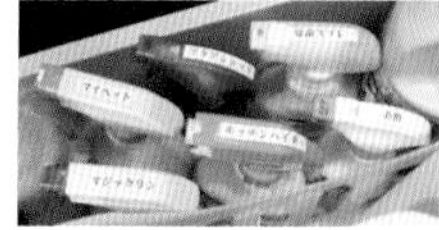

洗剤類にはラベリングし、上から見るだけで種類がわかるように

おじゃまします
ペコリ
ただいまー
おかえり
お友達も
いっしょ
なのね
おやつ
ちょーだい！
きちん。
おばさま
手を洗わせてください
案内してあげてー
ここだよ
ガラッ
汚い…
ギョッ!!
お片づけ中に
失礼しました
ペコリ
今日は帰ります
ママのバカーッ
汚いから友達
帰っちゃったよー
マジ!?
わ〜〜っ
ごめん〜ママ
頑張って片づけるから

翌日
麻衣子'sマンション
先生♪お願いします！
おまかせ！
THE 他力本願☆
洗面所って用途が多い割に狭いんです
顔洗ったり
洗濯したり
細かいものが多いから散らかりやすいんですよ
歯みがき用品
洗顔グッズ
ヘアケア用品
etc…
でもこれはものが多すぎです
3人暮らしでハブラシ10本も？
先生
コリャいつの試供品っ？かしら…
使わないものはじゃんじゃん捨てる!!
はいっ
洗面台の下はグループ収納がカギ
衣類の洗剤
そうじ道具
住まいの洗剤
床
おフロ
使う目的別にグループ分けするの

そしてグループごとに
箱などに入れて
収納するの
出し入れもしやすいわ
スイッ
ファイルボックスは
洗剤を入れるのに
ぴったり！
ぞうきんや
薄めのカゴには
スポンジのストック
入れるものと
箱のサイズが合っている
ことも大切よ
収納用品を買う前に
必ずサイズを測ってね
シャッ
幅・奥行・高さの
3つを測るのよ
サイズを測らずに買うと
大きすぎて無駄になることも
あっ
入んないっ
ガーン
がッ
特にコの字ラックを使う時は
置き場所のサイズを
しっかり測って！
ここに⊓ラック
を入れるには
幅40cm
奥行き40cm
高さ30cmね
できました!!
雑布
ハブラシ
スポンジ
お風呂用
洗濯用
お掃除用

次は洗面台の上！
point!
❶ 人別にものを管理する
❷ 使いやすい位置に置く
①指定席を決めて個別に管理する
ママのもの
家族のもの
パパのもの
②は例えばドライヤーをコンセントの近くにかけるとか
こっちパパのエリアだから
自分で管理してね
はーい
その後
おじゃまいたします
早くあそぼーぜ
ペコリ
いらっしゃい
いつでも手を洗ってね
フフフ
おトイレおかり…
ギャ!!
そこはまだ…

washroom

お金が貯まる洗面所の片づけ

ストックでものがあふれがちな場所は今あるものを把握して、収納もお金も節約

洗面所は、洗顔やヘアセット、洗濯など、やることが多い場所。こまごましたものが多く、髪の毛や歯磨き粉などで汚れやすい場所でもあります。ものを用途別、使う人別に分けて収納すれば、よく使うものや必要なものがはっきりし、捨てていいものも見えてきます。まずは洗面所で自分の使うものを把握し、それぞれの定位置を決めましょう。

また、歯ブラシや洗剤などのストックも、安売りなどでつい買いだめしてしまうと、あっという間にあふれてしまいます。あらかじめ上限を決めてスッキリ収納し、無駄遣いをなくすようにしましょう。シャンプーや化粧品の試供品はすぐに試すか、旅行グッズにまとめ、早めに使い切りましょう。

置いておくものは最低限に

使用頻度に合わせて、「外に出しておくもの」と「棚にしまっておくもの」を分け、定位置を決めましょう。

よく使うものだけを手の届くところに置く

ハンドソープなど、「みんながよく使うもの」だけを洗面台付近に置くようにしましょう。使いやすく、見た目もスッキリします。

中身に合わせて入れ物を選ぶ

同じところにしまうものでも、ふた付きのケースやオープン型のボックスなど、中身に適した入れ物を使い分けましょう。

ふたつき
オープン型

化粧品など、ホコリを避けたいものはふた付きに入れます

安いっ!!
でも買わないっ
40% OFF
キラ
ストックあるから

ストックを減らせば無駄遣いも減る

洗面所はキッチンの次にストックが多くなる場所。常備するストックは最低限にして、無駄遣いを減らしましょう。

washroom

洗面台の収納法

鏡裏の左

上段にパパのヘアケア用品を入れ、下段には歯ブラシやドライヤーなど、家族みんなが使うものを入れる

鏡裏の右

ママのスキンケア、メイク、ヘアケア用品スペースに。毎日使うものは取りやすい下段、ストックは上段に収納

引き出し上段

サッと取り出したいティッシュやコットンなどの衛生用品を入れる

洗面台下

掃除用品や洗濯洗剤、シャンプー、ボディソープのストックなど、使用頻度の低いものを収納

引き出し中段・下段

中段にはフェイスタオルやハンドタオル、高さのある下段にはバスタオルを入れる

収納スペースの扉の裏に小物をかける

鏡の裏や洗面台下のスペースの扉の裏にフックを付けると、ごちゃつきがちなアクセサリーやヘアゴムなどがかけられます。絡まることもなく、簡単に取り出せて便利です。

重いものや厚さのあるものをかけると、扉が閉まらなかったり、落下する恐れもあるので気をつけましょう。

細かいものは空き箱仕切りで収納

ヘアケア用品やコスメなど、こまごましたものを引き出しに入れるとごちゃごちゃして、探し出すのもひと苦労です。化粧品やラップなどの空き箱を仕切りにし、種類ごとに入れるとスッキリします。

化粧ポーチを収納として使うのも◎。中の仕切りも活用でき、そのまま持ち運びもできて便利です。

タオルは立てると取り出しやすい

タオルは重ねて収納すると、先に洗ったものが下になり、使うものがかたよりがちに。洗濯後は右に入れ、使う時は左から取り出せば均等に使えます。タオルは輪を上にし、立ててしまうと取り出しやすいです。

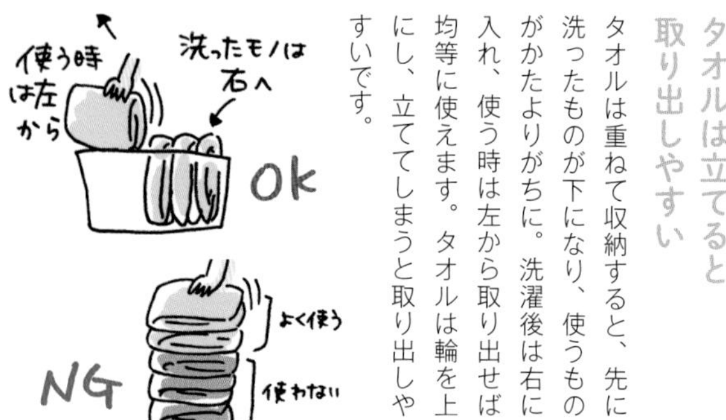

かさばるタオルは収納スペースをとるので、必要な分だけ持つようにしましょう。毎日洗濯するなら、バスタオルは１人１～２枚あれば十分です。

ストックは種類別にカゴに入れて

洗剤やシャンプーなどのストックは、用途ごとに高さのあるカゴに立てて収納を。引き出せば奥のものも簡単に取れます。必要なものがどれだけあるかがひと目で把握でき、無駄買いを減らせます。

化粧品や石けんなど、小さいもののストックは引き出しタイプの収納に入れると使いやすく、便利です。

washroom

洗濯機まわりの収納法

上段

使用中の洗濯洗剤を手前に並べる。普段使わないストックは奥へ。空いたスペースには、洗濯ネットなどの小物をカゴに入れておくと◎

ハンガーをファイルボックスにまとめると便利。ふちに引っかけておけば取り出しやすく、スッキリ収納できる

ハンガーを吊るしておけば、洗った洗濯物をかけ、そのまま外に干しに行くことも可能

洗濯機横

洗濯機横のすきまにマグネット付きのゴミ箱を設置すると、床がスッキリ

こまごまとしたものが多い洗面所は、種類ごとに定位置を決めるのが鉄則。

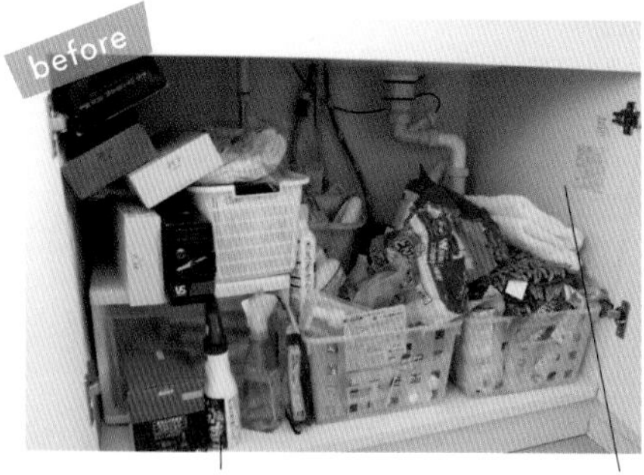

依頼者
・30代女性
・夫と子どもの3人暮らし

様々な用途のものが詰め込まれ、必要なものを探すのに時間がかかる

せっかくの広い洗面台下も、上部がデッドスペースに

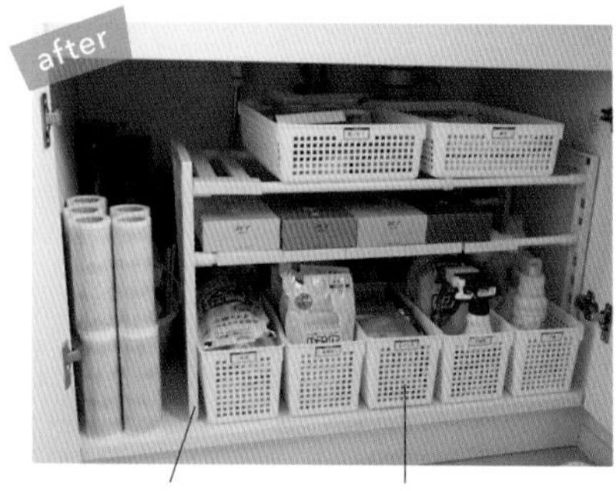

置くものに合わせてラックの高さを調整。また、入れるものにフィットするサイズのカゴを使うことで、無駄のない収納に。

ラックを使って、空いていた上部スペースも有効活用

種類ごとにカゴに入れ、どこに何があるのかひと目でわかるように

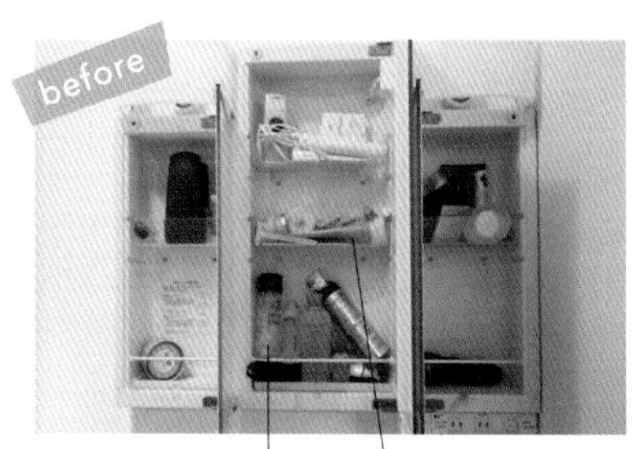

依頼者
・40代女性
・夫と子ども3人の
5人暮らし

家族のものが入り乱れ、あちこち手を伸ばさないといけない

背の高いものを倒して置いてあり、余分なスペースをとっている。下敷きになっている小物も取りづらい状態に

用途ごと、使う人ごとに定位置を決めてものを配置。必要なものがすぐに取り出せます。

使用頻度の高いものを、手の届きやすいところに置いた

棚板の位置を下げ、背の高いものを立てて置けるようにした

片づけるってステキ〜
お鍋は下の引き出しに〜
最近片づけを頑張ってるね家もママもキレイになってるよ♥
え〜そっかなあ
イチャイチャ
美香さんだわっ
ハッ
はーい
SNS見たよ片づけうまくなったね
でもコレはなに？
ぐーちゃ
…
なにが？
わかってないのね…

自分は片づいてると思っていてもそれは見慣れているからなのよ！
大量のカサ
ヘンな置物
電気
DM
ガス
紙ゴミ
見てよカオス!!
出しっぱなしのくつ
見えてなかった…
ガーン
玄関のものはこのルールで整理するの!!
❶ 出していい靴は１人１足まで
❷ 靴箱に入らない分は各自の部屋へ
❸ 傘も家族の人数分しか置かない
❹ ゴルフバッグやボールは別のところへ
たまにしか履かない靴はクローゼットへ
服と靴がセットのもあるでしょ
礼服
パーティドレス
なるほど
これは片づけないのね…
じゃあこれはクローゼットね

1週間後
美香さんと先生が我が家へ
わーっ キレイですね!!
あれ? へんなの なくなってる!!
小物を変えたのね
北欧風〜
よかった 正気に 戻ったのね
片づけたら ヘンなことに 気づいたの
そう! 片づけると センスも よくなるの!!
うれしい!! じゃ お茶どうぞ
カタ
ちょっと 汚いですかね?
やっぱり…
ここはもう少し 手を入れないとね
サッ

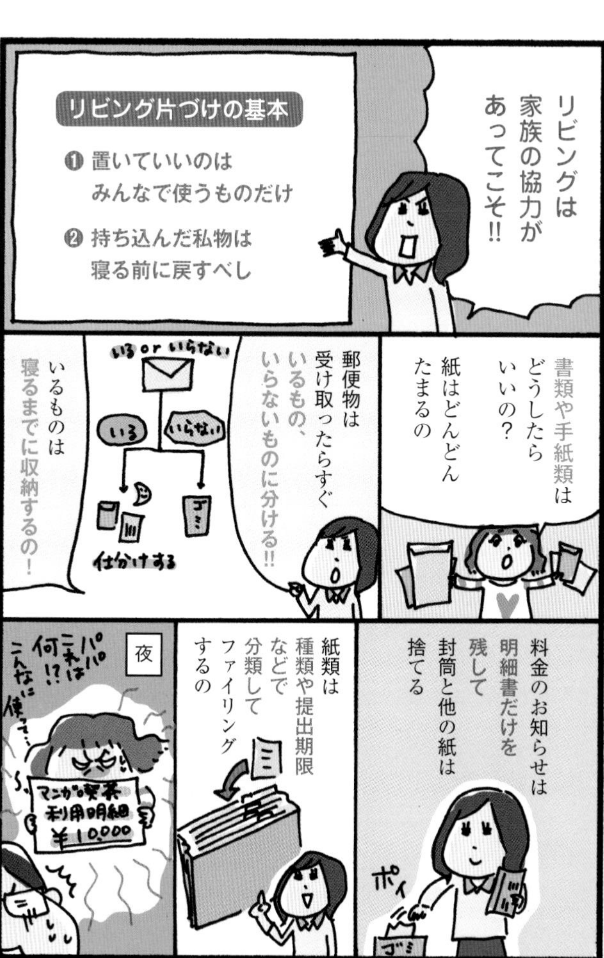
リビングは家族の協力があってこそ!!
リビング片づけの基本
❶ 置いていいのは
みんなで使うものだけ
❷ 持ち込んだ私物は
寝る前に戻すべし
書類や手紙類はどうしたらいいの?
紙はどんどんたまるの
郵便物は受け取ったらすぐ
いるもの、いらないものに分ける!!
いる or いらない
いる
いらない
ゴミ
仕分けする
いるものは
寝るまでに収納するの!
料金のお知らせは明細書だけを残して
封筒と他の紙は捨てる
ポイ
ゴミ
紙類は種類や提出期限などで分類してファイリングするの
夜
パパこれは何!?
こんなに使って…
マンガ喫茶
利用明細
¥10,000

entrance

お金が貯まる玄関まわりの片づけ

いつの間にかものが増えがちな場所だから置いておくものは必要最低限に

家の顔とも言える玄関ですが、普段は通過するだけなので散らかっていても気づきにくい場所です。特に、たくさんの靴がタタキに出ていると見た目が悪く、出入りもしづらくなります。

また、公園で遊ぶためのおもちゃやスポーツグッズ、写真やインテリア小物などの置き場にもなりやすく、いつの間にか多くのものであふれてしまうことも……。靴を含め、玄関に置いてあるものを全て出し、本当に必要なものだけを置くようにしましょう。各自の部屋や押し入れなどに移せるものはできるだけ移し、玄関は必要最低限のものだけでスッキリさせるのが鉄則。

また、季節によって使う靴も変わるので、衣替え時に靴の入れ替えをするのもおすすめです。

ルールを決め、ものを厳選

玄関をスッキリさせておくためには、置いていいものといけないもの、捨てるものと捨てないものを決めるルールづけをしましょう。

使っていない靴はキレイでも捨てる

片づけ中、古いのにキレイな靴が出てきたら、それは使っていないということ。使いそうにないものは、思い切って捨てましょう。

しばらく使わない靴は靴箱に入れない

シーズンオフの靴、正装や礼服に合わせる靴など、当面使わないものは、箱に入れてクローゼットなどにしまいましょう。

玄関に置くのは本当に必要なものだけ

ものが増えがちな玄関ですが、お客様も通る場所です。見られてもいいもの、どうしても置いておきたいものだけに厳選しましょう。

entrance

靴箱の収納法

収納棚上段

シーズンオフの靴や普段あまり使わないレジャーグッズ、靴磨きセットなどを入れる

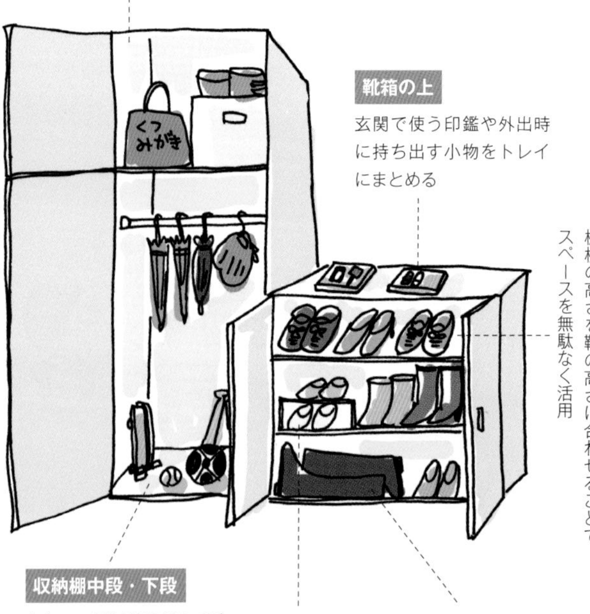

靴箱の上

玄関で使う印鑑や外出時に持ち出す小物をトレイにまとめる

棚板の高さを靴の高さに合わせることで、スペースを無駄なく活用

収納棚中段・下段

上につっぱり棒を通して傘かけに。S字フックと組み合わせれば、グローブなどの小物もかけられる

背の低い靴は、コの字ラックを使って2足重ねて収納

靴箱に高さがない場合、ロングブーツは寝かせて互い違いにして収納

靴は入れ方を工夫して収納スペースを節約

靴は形が複雑で、キレイに並べづらいもの。余分なスペースをとらないよう、置き方を工夫しましょう。土踏まずの部分のへこみに片方のつま先を合わせれば、余分なすきまをつくらずに収納できます。

ピッタリ
余分なすき間をカット！

つま先よりかかとの幅が狭い靴は、向きを互い違いにすることで、スペースを節約することができます。

置いておきたい小物はトレイや引き出しに

玄関に置いておきたい小物は、トレイや小さな引き出しボックスに入れて靴箱の上に。印鑑や筆記具などの「玄関で使うもの」と、カギや定期入れなどの「外に持ち出すもの」を分けておくと便利です。

カギはフックにかけてもOK

折りたたみ傘や靴べらなどの小物は、靴箱の扉の裏に粘着式のフックを付けてかけておくと、すぐに見つけることができます。

片づけ実録
玄関
entrance

玄関を片づける時は、置いてあるものを1つずつチェック。玄関に必要のないものは各部屋に移動し、使う見込みのないものは捨てましょう。

依頼者
・40代女性
・夫と子ども3人の5人暮らし

プリントやティッシュなど、玄関で使わないものが大量に置かれている

ゴルフバッグが奥へ追いやられて、取り出しづらい

靴であふれかえり、人が通るためのスペースも埋まっている

靴箱のサイズに合わない靴が、無理矢理押し込められている

タタキに出しておく靴は、1人1足だけに。大量にあった靴を仕分けし、今後も使わないものは処分しました。

入れるものの高さに合わせて、棚板の高さを調整

よく使う靴はメインの靴箱に収納。上の段は夫、2段目は妻というふうに、持ち主別に分類した

使用頻度の低い靴は、ケースに入れて収納。透明なので中身もすぐわかる

スポーツグッズは出入りのジャマにならず、かつ手に取りやすい位置に。ボールは転がらないよう、重ねて置ける収納具を使用

living room

お金が貯まるリビングの片づけ

家族のものが散らかりやすい場所は指定席と片づけのルールを決めましょう

家族がくつろぐリビングは、1日の中でも長い時間を過ごす場所。家族それぞれがものを持ち込むので、ものがどんどんたまってしまいます。それを防ぐため、まずは家族みんなで使うものと個人のものを分けましょう。そしてみんなで使うものは、使う場所の近くに収納場所をつくります。例えば、リモコンはテレビのそばに、新聞や学校のプリントはテーブルの近くに置きます。個別のものはリビングに置く必要があるものだけに絞り、専用の収納ボックスにしまうなどして各自で管理しましょう。

片づいた状態を維持するためには、家族の協力が必要。みんなでリビングの片づけのルールを決め、守るようにしましょう。ものがないキレイな部屋に居心地のよさを感じるようになれば、ストレス買いも減らせます。

リビングが散らかる原因を改善

家族のものが集まるリビングは、片づけの難所です。散らかる原因をなくして、家族みんなで片づけるようにしましょう。

見取り図に問題点を書き解決法を考える

リビングの見取り図を書き、ものの散らかり方と改善点を書き出しましょう。問題点を把握してから片づけるとスムーズです。

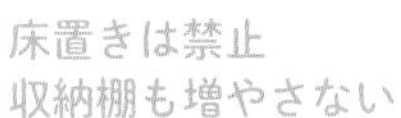

床置きは禁止 収納棚も増やさない

床にものを置くと、気持ちがゆるんでものがたまりがち。また、収納を増やすとものも増えるので、まずは減らすことを考えて。

指定席のないものは持ち主が片づける

リビングに指定席のないものを持ち込んだら、持ち主が片づけるというルールをつくりましょう。家族の片づけ意識が高まります。

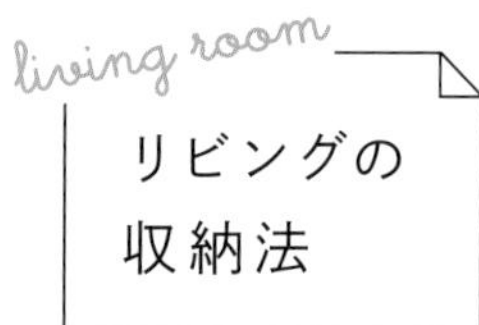

リビングの収納法

サイドボード

本、雑誌、書類、薬、診察券など、家族で使うものをしまう

テレビコーナー

DVD、テレビゲーム、ゲームソフト、リモコンを収納

ダイニングテーブルまわり

新聞、電話、DMや学校のプリント類、家計簿などをしまう

個人の収納ボックスを用意する

家族それぞれに、リビング用の収納ボックスを1箱ずつ用意しましょう。リビングにあると便利なものを各自で収納し、管理することで散らかりを防止できます。

家族全員で1箱だと責任があいまいになり、何でも入れ放題になるのでNG。それぞれ自分で管理し、片づけましょう。

脱いだ服の仮置きカゴを用意する

ソファーには脱いだ服が散らかりがちで、1つを置くとどんどん増えていきます。脱ぎ散らかしを防ぐには、ソファーの近くにカゴを置き、脱いだ服をそこへ入れるのがおすすめです。

仮置きカゴは、「服以外のものは入れない」「寝るまでに片づける」などのルールを決め、入れっ放しにしないようにしましょう。

みんなで使うものは目につく場所に

家族みんなで使うものは、使う場所の近くに、目立つように置きましょう。宅配便で使う印鑑はドアモニターの上に立てて置くなど、すぐ目につく場所に置けば、探す手間を省けます。

見失いがちなテレビのリモコンはカゴに入れ、テレビボードの上に置くのがおすすめです。

DVD、ゲームソフトはテレビ台に収納

DVDやゲーム機、ゲームソフトなどは、テレビ台に収納します。見終わったものや入り切らないものを台の上に置くのはNG。見ていないものは片づけ、入り切らないものは個室にしまいましょう。

DVD やゲームソフトなどは種類別に箱に入れて収納すれば、目的のものをすぐに取り出すことができます。

充電器やコードはまとめてスッキリ！

携帯電話やタブレット、ゲーム機などの充電器は、家族分をまとめてカゴに収納するとごちゃつきません。コンセントのそばに置き、使う時だけプラグに差し込むようにすれば、スペースもとりません。

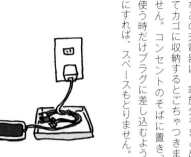

コードは結束バンドなどでまとめると、見た目もスッキリします。充電器本体やコードにマスキングテープでラベリングすると使いやすさアップ。

DMなどの郵便物は仮置き場をつくる

ダイレクトメールや請求書など、郵便物を仮置きする場所を、ダイニングテーブルの近くにつくります。郵便物は受け取ったらすぐに開封し、残すか捨てるかを判断するようにしましょう。

すぐに郵便物の中身をチェックできない場合は仮置きし、家計簿をつける時に合わせて整理するなど、ためないようにしましょう。

ボックス収納でプリントを増やさない

学校のお知らせなど、どんどん増えるプリントは、ボックスや書類ケースに入れましょう。必要になる時期や提出期限、未処理・処理済みなどで分類すると、提出忘れや紛失も防げます。

いらなくなった書類やプリントはまめに捨て、ためないようにすることが重要。定期的に見直す習慣をつけましょう。

夫の小物はリビングの動線上に

腕時計など、夫の小物類は、夫の動きに合う場所に専用のカゴを置いて管理するとよいでしょう。見た目もスッキリし、すぐに見つけることができます。

財布や腕時計などの外出小物はリビングの入り口、爪切りなどのお手入れ小物はソファーの近くなどに置きましょう。

文房具は用途に分けて収納する

こまごまとした文房具は散らばりがちで、紛失しやすいものです。「書くもの」「切るもの」「貼るもの」などの用途に分けて、グループごとにしまいましょう。取り出す時も片づける時もスムーズです。

引き出しの場合、開けた時に上から見える位置にラベルを貼るのがおすすめ。ラベルが外から見えず、見栄えよく収納することができます。

市販薬は箱のふたを切り取って収納

市販の薬は、箱の上部を切り取った状態で引き出しに入れ、使う時は中身の瓶やチューブだけを取り出します。こうすると箱がそれぞれの指定席になり、ごちゃつきません。

医師から処方された薬は、ジッパー付きの袋に「かぜ薬」などの用途と使用期限を書いて収納しましょう。

もう寝る時間よ
自分のものは片づけてね
は～い
リビングに置きっ放しはなくなったけど…
これじゃあね…
美香さんちはどうなんだ？
明日聞いてみるわ
翌日
美香さん宅
ピンポーン
いらっしゃい
今日は太一くんも一緒なのね
あっ娘の美咲よ 太一くんの一コ下だね
こんにちは

美咲
お片づけ
お願いね
"はーい
スタスタ
スタ
お
美咲ちゃん
どうするの
?
<子ども部屋>
絵本は
ここ
サ
サッ
お人形は
ここ
くまさんは
どこ
だったかな?
サササ…ッ
ぬいぐるみ
くまさんは
ここ
美咲ちゃん
すごいね
私より立派…
うん
いきなり片づけを
教えるのはムリよ
まずはコレにしまうことから
ポイ
ポイ
使った
ものは
ここ!
ポイポイ
BOX

次は入れる場所をわかりやすくするの
ラベルに絵を描くといいわよ
にんぎょう
Tシャツ
くつした
つみき
子どもに使いやすく工夫するのも大切よ
よく使うバッグは掛けて収納
声をかけながら自分で片づけができるようにしていくの
絵本と人形一緒でいいの？
あっ
ダメ!!
にんぎょう
太一が片づけられないのはママが悪かったのよ
ごめんね
ぼくもがんばる
次はパパが片づける番よ
うっ
本とマンガどっさり

増えやすい雑誌は
「とっておくのは半年前まで」
「新しいのが出たら捨てる」
などルールをつくる
特にマンガ雑誌はスペースをとるので注意!!
本は電子書籍を買えばスペースをとらないしセールもあるわ!
とにかく個人のスペースはそこに収まるようにものの量をキープするのが大切!
コレ重要!
パパ用
本棚２段＋
引き出し１つ
ママ用
本棚１段＋
引き出し２つ
自分のエリアは自分でルールを決めてやりくりしてね
ハイ
パパーラベルつくったよ
まんが
おー、ありがとー
２人ともエライ！今夜はすき焼きよ
やったー

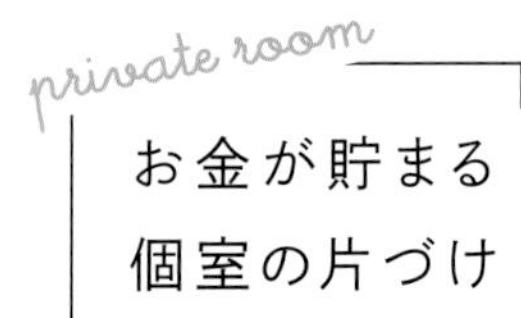

private room
お金が貯まる
個室の片づけ

個室や自分のスペースを持つと家族みんなが片づけ上手になる！

子ども部屋や書斎などの個室は、子どもや夫のプライベート空間。ものの管理は本人がすることになりますが、ものがあふれたり散らかったりする場合は、片づけのルールをつくりましょう。家族それぞれが片づけ上手になれば、ものの出しっ放しや他の家族のものと混ざるのを防ぐことができ、家全体がスッキリ片づくようになります。

また、家族それぞれに自分の部屋があるのが理想ですが、子ども部屋はあっても、夫や妻用の部屋を持つのは難しいもの。そんな時は、リビングやクローゼットの中に夫（妻）の本や雑貨を置く棚を入れるなどして、専用のスペースをつくりましょう。こうすれば、増築や広い家へ住み替える費用をかけずに、家族のプライベート空間を用意できます。

子どもが片づけ上手になる方法

子どもには、成長に合ったプライベート空間と片づけルールをつくり、できたことをほめながら、片づけを教えましょう。

どこに片づければいいか、自分で考えられるように声をかけましょう

片づけの手順を教える

まずは散らかったものを1ヵ所にまとめることを教えます。次に絵本や車などに分類し、それぞれの場所にしまうことを教えましょう。

出したらしまうをくり返し教える

ものをしまう場所は、子どもと一緒に決めます。「出したら戻す」をくり返すうちに、自然と定位置にしまうことを覚えていきます。

できたことをほめると子どものやる気もアップ

子どもが使いやすい収納道具を選ぶ

衣装ケースは、子どもが出し入れできる高さで、奥行きがあまりなく、引き出しの開け閉めに力がいらないタイプを選びます。

リビングに勉強コーナーをつくる

リビングで子どもの勉強を見る場合、おもちゃは別の部屋に置くようにすると、勉強に集中できます。必要な勉強道具をカゴや箱にまとめておけば、取り出すのもしまうのも簡単です。

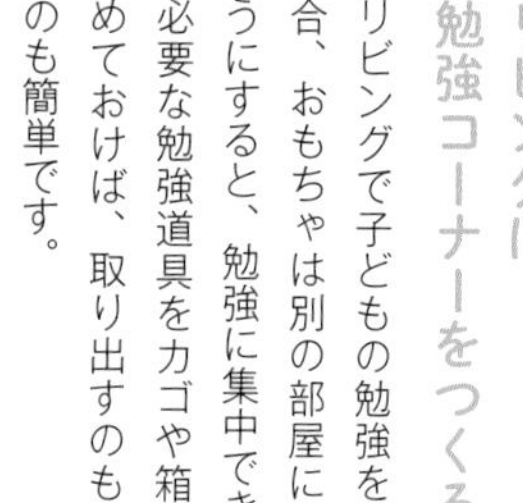

子どもの生活用品や着替えをしまう棚は、1ヵ所にそろえましょう。子どもが片づけやすくなり、管理もスムーズになります。

おもちゃは1つの箱にまとめる

おもちゃを1つの箱にまとめると、遊ぶ時もこれだけ出せばいいのでラクチン。大きな箱の中に、小さな箱を入れて仕切れば、サイズの違うものも迷子にならずに収納できます。

シールなどの細かなものは、スライド式のジップ袋に収納を。中身が見え、子どもにも開けやすいので、自分で片づけることができます。

今使っているものがいるものと教える

子どもは「いる」「いらない」の判断がつかないので、「使っているおもちゃだけを箱に入れて」と声をかけます。その後、今使っているもの＝残すもの、使っていないもの＝捨てるものだと教えましょう。

使っているものだけしまってね
はーい

「捨てる」と言うと傷ついてしまう子には、「お友達にあげようね」などと説明してもOKです。

本は分類して残すものを決める

本は、「今読んでいるもの」「思い入れのあるもの」「今後読まないもの」の3つに分けます。今後も読む可能性のあるものだけを残し、それ以外は処分しましょう。

情報が古くなっている本や雑誌も処分を。電子書籍や図書館などを利用して、本を増やさないことも大切です。

クリアファイルをインデックスに

本や雑誌の収納には、インデックスが便利です。専用のグッズがなくても、クリアファイルがあれば簡単につくれます。

本や雑誌のインデックスを手づくり

主人も私も本が好きでよく買いますが、定期的にメンテナンスをして、収納スペース以上には増えないようにしています。本は、いつか読もうと思っても「いつか」は来ないもの。「新しい本を読むので精一杯」そう思って、読んでいない本や雑誌を手放しています。

残すものが決まったら、ジャンルごとに分けて収納。項目を書いた紙をクリアファイルなどに挟み、横長にして本の間に差し込むだけ。書店のようなインデックスが簡単につくれ、本を戻しやすくなります。

第3章

お金の片づけ

ものもお金も
管理方法は同じ。
お金も上手に片づけよう！

銀行ATM
給料日前なのに
こんなに残高がある!!
キャッホー
ATM
そういえば最近の私って買い物上手
無駄買いがずいぶん減ったなあ
これはまだ家にあるわ
SALE
…って感じでさあ
ほらね片づけるとお金が貯まるって言ったでしょ
じゃあいよいよ次はお金の片づけね
お金の片づけ？
奈々先生が教えてくれるから家計簿を1カ月つけてみて
お金も片づけるとは奈々先生すごい!!
やってみる!
1カ月後

お金の管理と片づけは似てるの
お金
家計簿をつけると何にいくら使っているかがわかる
片づけ
片づけると何を持っているかわかる
無駄をなくして、必要なものだけにできる
手順も同じよ
❶全部出す
❷いるもの、いらないものを分けて整理する
お金を全部出す？
お金の片づけは
❶全部出す
＝
家計簿をつける
麻衣子さん家計簿はつけてますか？
人気の家計簿を使ってみたんですけど3日で挫折して…
レシートだけためました…
食費が主菜・副菜・調味料に分かれてるのね…
こんなに項目が細かいのは初心者にはムリよ

いい？　項目数は
収納ボックスと同じよ
どこに入れれば
いいの〜っ!?
分類が細かすぎると
どこに入れていいか
わからなくなって挫折するの
は〜　そうか…
私も
失敗
したわ
…
はじめはこのくらいの
ベーシックな項目で
住居費
食費
日用雑貨費
水道・光熱費
通信費
保険料
小遣い
クルマ費
レジャー費
交通費
医療費
交際費
衣料費
予備費
じゃあこの項目で
1ヵ月分書いてみて
え〜っと
うわ〜
意外と
通信費が
高いっ！
これが
❷いるものと
いらないものを
分けて整理するってことよ

無駄な出費をカットすれば貯金にまわせるわ
例 スマホアプリの月額料金 300 円
なくせば１年で3,600 円貯まる！
あっ！これやめよ！
家計簿ってすごいですねでも
続ける自信がなくて…
家計簿
続けるコツはいつものスケジュールに組み込んで習慣化すること
夕食の片づけが終わったら
家計簿をつける
わざわざ専用のノートを用意しなくても
スマホアプリやエクセルを使ってもいいのよ
PC
スマホ
1番のおすすめは目標を決めること
200万円貯めてクルマ買うぞとか
500万円貯めてローンの頭金にするとか
コレ重要よ!!
自家用ジェットで世界一周旅行したいな…
セレブ生活
うへへ
ちょっと…

家計簿を使って お金を片づける

ものもお金も、管理の仕方は同じ 片づけると無駄が見えてくる

片づけとお金の管理は似ています。ものを片づけると何をいくつ持っているかが見えるようになり、無駄な買い物をしなくなります。それと同じで、家計簿をつけると何にいくら使っているかがわかり、お金の使い方を工夫できるようになります。

現在の収支を知り、無駄を省いて、目標に向けての貯蓄プランを立てましょう。家計簿は3ヵ月以上続けると効果があるので、食事や入浴など毎日することの後に家計簿をつけて習慣化しましょう。

また、家計簿をつけると持っているお金の少なさに落ち込むという人は、残高を見て「これだけしか使えない」と思うのでなく、「これだけ使える」とポジティブに考えるようにすると、家計簿をつけるのが楽しくなります。

家計簿でお金を貯めるステップ

以下の３ステップで家計簿を使いこなし、お金の片づけとやりくりがうまくできるようになりましょう。

1. お金の流れを把握する

毎月の光熱費や通信費、食費や美容費など、何にいくら使っているかを明確にし、無駄遣いもここでチェック。

2. 貯金の計画を立てる

毎月必要なお金をもとに、貯金額を決めましょう。「余った分を貯金」では貯まらないので、給与天引きなどで先に貯める仕組みに。

3. 予算内でやりくりする

固定費の金額はある程度決まっていますが、変動費は使い方しだいで大きく変わります。費目別に予算を立て、やりくりしましょう。

お金の片づけ

自然にお金が貯まる仕組みをつくる

ストレスなく貯まる仕組みをつくり目標を決めて貯める

家計簿をつけると、どこで何を買うことが多いかに気づきます。「ほぼ毎日コンビニに通って、週に2000円も使っていた」「ママ友とのカフェ代やランチ代で、お小遣いを使い果たしている」など、気づいたことはすぐ改善しましょう。

家計の無駄をなくしたら、その分を貯金にまわしましょう。その際、1カ月生活して余ったお金を貯めようとすると、計画的な貯金ができません。給与が入ったら一定額が自動的に貯金されるような仕組みをつくれば、無理なく貯められます。また、子どもの教育や養育、老後の生活などには大きなお金が必要になります。「いつ・何に・いくら」必要になるかを事前に調べておくと、貯める目標が見えて、モチベーションが上がります。

お金を貯める仕組み

「いつまでにいくら貯めたいか」を明確にし、そのために毎月いくら貯金するかを決めれば、手堅く貯められます。

自動引き落としで毎月確実に貯める

会社の財形や社内預金は非課税などの好条件が多いので、積極的に利用を。なければ、自動引き落としの積立預金で確実に貯めましょう。

目的があればお金は貯まる

目的がはっきりしていない貯金は、挫折しがち。目的と目標金額を明確にすると、「毎月これだけ貯める！」という意識が高まります。

子育て費（1人につき）

3000万～4000万円

老後の生活（60～85歳の25年間）

6810万円

住宅購入

3500万円

※上記の金額は全て目安です

費目の分け方

毎月決まった支払いがあるものを固定費、それ以外の生活費を変動費と言います。

固定費

- 住居費（家賃や住宅ローン）
- 駐車場代
- 水道・光熱費・電話代
- インターネット通信費
- 新聞代
- 各種年会費
- 習い事の月謝
- 保険料
- 小遣い
- 貯金　など

変動費

- 食費

食材や調味料、酒、お菓子など。外食も食費ですが、レジャーの時はレジャー費に入れます。

- 交通・通信費

電車、バス、タクシー代、切手やはがき、宅配品代など。レジャーでの交通費はレジャー費、贈り物の送料は交際費へ。

- レジャー費

遊びに行った時の交通費、施設の入場料、飲食費など。

- 衣料費

洋服や下着、靴下、パジャマ、靴、かばん、アクセサリーなど。クリーニング代もここへ。

- 美容費

美容院代や散髪代、化粧品など。

- 日用雑貨費

洗剤、トイレットペーパー、シャンプー、掃除用品、キッチン用品など。電池や電球もここへ。

- 医療費

病院の診察代や薬代、ドラッグストアで買った薬代やマッサージなどの費用。通院にかかった交通費も入れます。

- クルマ費

主にガソリン代。車検、洗車やカーアクセサリーもここへ。

- 交際費

親戚や友人への手みやげなど。友人とのカフェ代などは、小遣いでやりくりしましょう。

- 予備費

冠婚葬祭などの急な出費や、赤字に備えるお金。月に１～２万円程度積み立てて備えましょう。

レシートは財布に入れず買い物袋へ

レシートをもらったら、財布ではなく買い物袋の中に入れましょう。買ったものを家で取り出す時にレシートも出して、所定の場所にしまうようにすると、財布に入れっ放しになるのを防げます。

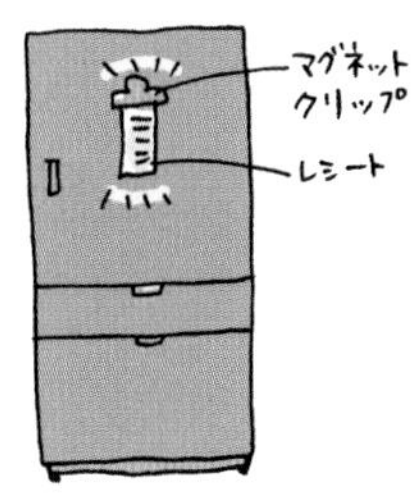

マグネットクリップに挟んで
冷蔵庫に付けてもOK

レシートは家計簿と一緒にしまうか、キッチンにまとめておくと管理しやすく便利です。

便利な家計簿アプリもおすすめ

家計簿アプリは、レシートを撮影するだけで支出内容を自動入力してくれるものや、銀行やクレジットカードの入出金を取得してくれるものなど、様々な機能があり、記入の手間を省くことができます。

家計簿アプリは無料のものが多いので、いろいろ試して自分に合う機能のものを見つけましょう。

カードの支払いは使った日に記録する

クレジットカードを使うと、購入日と支払い日がずれて、家計管理がしにくくなります。カードを使って買い物をしたら、使った日の支出として家計簿に記入し、現金での購入と同じように考えましょう。

キャッシュレス決済は、お金の流れが見えにくくなるのが難点。費目別の予算を意識して買い物するように心がけましょう。

家計簿に○×をつけて買い物を振り返る

ためたレシートをもとに、自分の買い物を振り返りましょう。買い物の内容に無駄がなければ○、無駄があれば×をつけて、自分の買い物のクセやどんな無駄買いが多いかをチェックします。

「ストレスがたまると無駄買いが増える」などのクセに気づけば、同じことをくり返さないように気をつけることができます。

固定費を見直すと簡単に節約できる

不要な固定費を減らすと、大幅な節約につながります。大きいのは新聞と通信費。朝夕の新聞をやめれば、月に約４０００円カット。プロバイダーやスマホは、安いプランへの切り替えを検討しましょう。

あまり通っていないスポーツジムや習い事も、このまま続けるかどうかの決断を。無駄を見直せば、毎月数千円の節約になります。

ライフステージが変わったら保険を見直し

不必要な保障のために保険料を払うのは無駄のもと。子どもが小さいうちは、養育費や教育費に困らないよう手厚い保障が必要ですが、子どもの成長とともに保障額は減らしてＯＫです。

月々の保険料の目安は、月収の５％です。家計のバランスを考えて見直しましょう。

お金の片づけ

特別費の積み立てで想定外の出費をカバー

友人の結婚式のご祝儀など、予想外の出費で赤字になることも。そんな状況を防ぐため、あらかじめ特別費を積み立てておきましょう。特別費は1年で10～20万円程度を用意すると安心です。

特別費は、ボーナス月に10万円をよけておくか、毎月1～2万円を積み立てするのがおすすめです。

大きな買い物は減価償却(げんかしょうきゃく)で考える

高額な買い物は支払い額を月々の負担額にまで落とし込み、今の家計にその負担ができるかの検討を。例えば、300万円の車を10年乗るなら、1年あたり30万円、1カ月は2万5000円になります。

購入時期に余裕があれば、必要な金額をもとに、毎月いくら貯めれば買えるのかという目標金額を立てるのも◎。

目標を共有し家族みんなで節約する

家計のやりくりは「家族の幸せ」のため。マイホームの購入や、子どもの学費、老後のために貯金をしていることを家族全員にわかってもらうことが大切。家族みんなで目標を共有し、節約しましょう。

今の家計の状態や、今後必要な金額が把握できていれば、漠然としたお金の不安も解消されます。

「どんなところに旅行に行きたい？」「どんな家に住みたい？」など、家族との会話でイメージをふくらませながら、楽しく節約しましょう！

1年後
おじゃましまーす
いらっしゃーい
ワイ
ワイ
いろいろ用意したのたべてー♡
おいしー
いただきまーす♡
おいしそー

1年前とは
大違いね
人を呼べる家に
なるなんて夢みたい
ルン
あこがれの
ホームパーティ♪
ルン
次
ぼくの番~
お家もキレイになったけど
麻衣子さんもキレイに
なったわね
エヘヘ♡
片づけが習慣に
なったら
これは
ここ
これは
こっち
ささっ
ダラダラ
しなくなって
自然に5キロ
痩せたんです
ダラ
ダラ
POTATO
夫や
子どもも
片づけ上手に
なったの
美咲ちゃんの
おかげね♡
読んだら
しまう
ボールは
ココ
ボール

それもこれも美香さんと奈々先生のおかげです
ペコリ
あっ これハワイ？
そう 行ってきたの
片づけをしたら…
えっと
まだあるから買わない
無駄買いが減って
食費使いすぎてる後半ひきしめよう
家計簿をつけたらお金の無駄もわかって
毎月4万円貯金できるようになったの
BANK
給与天引
前は…
あれってどこだっけ？
探すこと時間…
バケツあった〜
ぞうきんここか!!
ものが見つからない！
動線が悪くて無駄に動く
無駄な時間がかかってたけど
片づいたら家事の時間が減ったから働くことにしたの
月収5万円UP
いらっしゃいませー

その結果
1年で
1万円
100万円
貯まったの！
だから思い切ってハワイへ
一生の思い出になったわ
素晴らしいわ
麻衣子さん
片づけはね
家族を
幸せに
するのよ
じーん
感動したわっ
次の目標は
マイホーム
目指せ
1000万!!
ちょっと本当に麻衣子なの!?

[監修] 小川奈々（おがわ なな）

整理収納アドバイザー／感動の整理収納 in Nagoya 主宰

1976年、広島市生まれ。横浜国立大学卒業。「整理収納コンペティション2014本選プロフェッショナル部門」グランプリ受賞。2019年、ハウスキーピング協会最上位資格 整理収納アカデミアマスター取得。食材を使い切る為の思考整理ノート「FOOD SEIRI NOTE」を考案。著書に『禅に学ぶ台所しごと』、監修書に『捨てられない人のラク片づけ』（ともにリベラル社）がある。

https://www.kandouseiri.com

[参考文献]

ズボラさんのための片づけ大事典（エクスナレッジ）／一番わかりやすい整理入門（ハウジングエージェンシー）／ワーキング・ウーマンのための超整理法（角川書店）／家計一年生（主婦の友社）他

イラスト	えのきのこ
装丁デザイン	宮下ヨシヲ（サイフォン グラフィカ）
本文デザイン	渡辺靖子（リベラル社）
編集	鈴木ひろみ・渡辺靖子（リベラル社）
編集協力	宇野真梨子
編集人	伊藤光恵（リベラル社）
営業	澤順二（リベラル社）

編集部　堀友香・山田吉之・須田菜乃
営業部　津村卓・津田滋春・廣田修・青木ちはる・大野勝司・竹本健志
制作・営業コーディネーター　仲野進

※本書は2015年に小社より発刊した『片づけたら1年で100万円貯まった！』を文庫化したものです

片づけたら1年で100万円貯まった！

2020年3月26日　初版
2021年1月30日　再版

編　集　リベラル社
発行者　隅田 直樹
発行所　株式会社 リベラル社
〒460-0008　名古屋市中区栄3-7-9　新鏡栄ビル8F
TEL 052-261-9101　FAX 052-261-9134　http://liberalsya.com
発　売　株式会社 星雲社（共同出版社・流通責任出版社）
〒112-0005　東京都文京区水道1-3-30
TEL 03-3868-3275

　ISBN978-4-434-27221-9　C0177
　10801

リベラル文庫

1年で100万円貯められる
ゆる貯め家計

［監修］横山光昭

「好きなものを買って、お金を貯めるコツ」をコミックとともに紹介。ラクにできる家計術や人生の貯蓄プランの立て方もわかり、一生お金に困らない体質に！

お掃除したら、いいことあった！

［監修］北野貴子

玄関・リビング・台所など、簡単にできて、仕事運・恋愛運・金運などが上がる掃除術を紹介。コミックで楽しく読めて、キレイな部屋と幸運を呼ぶ一冊です。

おいしく食べて体に効く！
クスリごはん

風邪・便秘・肌荒れなど、暮らしの中でかかりやすい体の症状に効くレシピが満載。冷蔵庫にある食材で簡単に作れます。おうちの《常備薬》になる一冊。

不調を根こそぎ解消！
ゆがみトリ

［監修］西川奈穂美

体のゆがみをとって、日々の不調をスッキリ解消！ 慢性疲労や肩こり・腰痛・月経痛など、病気ではないけれど気になる不調を、根本的に解決する方法を紹介。